新闻叙事的
故事化技巧

徐培亮 著

南京师范大学出版社

图书在版编目(CIP)数据

新闻叙事的故事化技巧/徐培亮著.—南京:南京师范大学出版社,2014.6（2021.4重印）

ISBN 978-7-5651-1725-1

Ⅰ.①新… Ⅱ.①徐… Ⅲ.①新闻写作—军事院校—教材 Ⅳ.①G212.2

中国版本图书馆 CIP 数据核字(2014)第 087191 号

书　　名	新闻叙事的故事化技巧
著　　者	徐培亮
责任编辑	王　涛
出版发行	南京师范大学出版社
地　　址	江苏省南京市宁海路 122 号(邮编:210097)
电　　话	(025)83598919(总编办)　83598412(营销部)　83598297(邮购部)
网　　址	http://www.njnup.com
电子信箱	nspzbb@163.com
照　　排	南京凯建图文制作有限公司
印　　刷	兴化印刷有限责任公司
开　　本	787 毫米×960 毫米　1/16
印　　张	15.25
字　　数	202 千
版　　次	2014 年 6 月第 1 版　2021 年 4 月第 2 次印刷
书　　号	ISBN 978-7-5651-1725-1
定　　价	32.00 元
出版人	张志刚

南京师大版图书若有印装问题请与销售商调换

版权所有　侵犯必究

序　言

● 尉天骄

这是一本有意义的书。

毛泽东同志一直强调，党要抓"两杆子"（枪杆子、笔杆子）。他在延安时期就号召每位干部都要学会写新闻，自己更是身体力行，几十年来在指挥千军万马、处理国家大事之际，一直坚持亲自为延安新华社、《人民日报》撰写新闻和社论、评论。他以自己的实际行动为党的干部树立了光辉典范。当前，意识形态工作为全党所重视，军队院校是培育军队后备力量的高等学府，军校学员不仅在保卫国防上要"紧握手中枪"，在意识形态领域也同样肩负重要任务。军校学员学习新闻写作，掌握新闻写作的方法、技能，无论是对于军队建设还是对于他们今后的成长，都是大有益处的。从本书中看到，军校学员对于学习新闻写作都满怀热情，也乐于在实践中锻炼。有动力是写作最好的起点。

但仅有动力还不够。新闻写作（广义而言，一切写作活动），有一个为人熟知的特点——知易行难。听听新闻的知识、理论，感觉没有多少高深难懂之处，但一到自己动笔，就发现全然不是那么回事——眼中看到了，写出来往往连自己都不满意。这是因为，写作的基本原则就那么多，各种教材反复说及，但具体实践中的现象和问题却是丰富多样、常见常新的。基本理论固然不能违背，但基本理论难以圆满回答和解决实践中各式各样的新鲜问题。因此，对于写新闻来说，只强调读书学习、实践练习还是不够的，如果在实践中得到有效的教育和指导，那将使学习和实践减少"试错"的摸索，收到事半功倍之效。进一步说，如果指导教师自己有新闻写作的实践真知，那将是最理想的状况。徐培亮在军校从事新闻宣传与新闻教育工作。在这方面，他有良好的基础：本科和研究生阶段都是读的新闻传播学专业，奠定了较为厚实的理论素养，同时，他学生时代就担任班长，主编过校园报纸和班级刊物，勤写作、肯钻研、能实干，积累了一些实践经验和心得体会。到军队院校工作后，很快把所学知识与军队院校的实际相结合，满怀热情投入到教学和工作之中，工作做得有声有色。特别难能可贵的是，他不断把自己的教学经验和体会上升到理论思考层面，分别从不同角度总结军校新闻写作的方法，多年来的思考和经验积淀而成了本书的主要内容。

　　书中各篇，从思维讲到表达，再到编辑，超出了一般新闻写作教材总体原则的范围，换句话说，一般新闻写作教材不会讲到这么细致、具体。这需要把一般原则与新闻写作教学实践密切结合，具有鲜明的针对性，如关于新闻写作中逆向思维的运用，对先进人物的"不突出"如何理解，怎样写"问题新闻"，新闻写作中如何运用"四多"（多用动词，多用短句，多注意细节，多用形象语言），新闻写作中视角、人称的有效运用等，都是作者从生活、写作和教学实践中探索出的真知。包括最后一辑中的学员习作赏析，既是教学成果的展示，也是他对个案进行分析总结的结晶。全书的内容，好像是从河中摸到一条条"活鱼"献给大家。我相信，这样的案例教学，对于军校学员学习新闻写作具有非常实效性的指导。

　　作者能够写出这些文字，大量案例来自教学，但一个优秀的教师一定是立足课堂而又超越课堂。全书的主线是新闻写作，其基础是作者对大量中外新闻作品的阅读和研究,包括经典作品和新近作品。教人写文章,教师肚子里先要"装了"大量的文章,这是传统的路子,徐培亮在这方面下了实实在在的功夫。所谓"给人一碗水,自己先要有一桶水","台上一分钟,台下十年功",就是说的这个老道理。本书谈的是新闻,但作者的视野却不限于新闻,从书中可以看到,他在谈到新闻写作时,广泛借鉴了文学、电影、摄影、戏剧的表现手法和技巧。相信能够唤起学员的兴趣,也能够给他们的写作带来新的视野和手法。

我与徐培亮有七年师生之谊,欣赏这位年轻人勤学、肯干的精神。现在很高兴地看到他的书稿即将出版,谨以上述感言作为本书之"序",以表达对他的赞赏和鼓励。希望他能够不懈努力,继续攀登新的高峰。

2013年仲秋之际于秦淮河畔

(本文作者为中国写作学会副会长,河海大学教授、博士生导师)

目录

序言/1

拆掉思维里的墙/1

  常新常写 常写常新/3

  "另眼相看"新闻事实/6

  用事实说话/9

  思维活·角度新·素材博/12

  从一名获奖学员说起/16

  从"刘珏"系列报道看写好人物新闻的技巧/21

  我们如何写"问题"/26

  细节从哪里来/30

  理工科军校学员新闻写作能力培养探究/36

寻找讲述的艺术/43

  谈谈如何避免"新闻腔"/45

"四多"让新闻语言更加生动形象/49

绘制新闻写作的五线谱/53

新闻叙事中的素材安排/57

新闻叙事的视角选择/60

新闻叙事中的"你·我·他"/65

讲故事,从头开始/70

故事可以这样讲起/76

新闻叙事的小小说技巧/85

如何让手中的笔变为摄像机/91

新闻叙事中的心理补偿机制/93

如何在新闻叙事中"构图"/98

新闻叙事的起幅与落幅/103

新闻叙事中的隐喻思维/109

新闻叙事中的景别构成/112

新闻叙事纪录性美学的主观构建/118

新闻叙事的色彩情感/123

新闻叙事的焦点与景深/128

新闻叙事的剪辑原则/131

新闻叙事中的听觉艺术·对白/137

新闻叙事中的听觉艺术·旁白/141

新闻特稿的叙事审美/147

特稿的叙事美学风格/149

特稿审美的再造想象/154

新闻特稿的审美要素/158

特稿叙事中的人物审美/162

特稿叙事的直接讲述者分析/166

特稿的文学叙事方法/171

新闻特稿的行文编排技巧/175

新闻报道作品赏析/181

课堂:三品战场"味道"/183

同在一片蓝天下/187

硝烟弥漫野炊忙/194

三种角色完成三次转身(节选)/197

这一刻,我们见证成长/201

中国学员"亮剑"国际军事院校"桑赛"/206

最珍贵的礼物/214

网上演兵:让计算机生成兵力/221

考研是学习的唯一动力吗?/226

莫让"口袋书"撑破口袋/230

战友,你的阅读效果"打几折"?(节选)/233

后记/240

拆掉思维里的墙

常新常写　常写常新

"另眼相看"新闻事实

用事实说话

思维活·角度新·素材博

从一名获奖学员说起

从"刘珪"系列报道看写好人物新闻的技巧

我们如何写"问题"

细节从哪里来

理工科军校学员新闻写作能力培养探究

常新常写　常写常新

——如何以逆向思维培养新闻敏感性

笔者在院校从事新闻宣传工作,常常和报道员打交道。这些学员对新闻感兴趣,有热情,每当看到自己的稿件变为铅字或者在网上发表的时候都异常高兴。当然,这背后也凝结着他们点点滴滴的努力。有时,他们会为写好一篇消息熬到深夜,遇到问题时又会随时与你联系,写好后还会及时拿来向你请教,甚是执著。

笔者在与他们的交流中,时常会听到这样的提问:"老师,为什么我总感到没什么新闻可写?"或者,"老师,我写的这篇稿件有没有新意啊?"两个问题折射出学员采写新闻的两种心态:一是苦于找不到新闻线索,二是疑惑摸不准新闻价值。笔者总结,这两种心态归根结底还是缺少发现新闻的敏感性。

新闻敏感性从另一个角度讲,可称为新闻工作者的视野。一个人的视野既受自身知识经验的限制,也受思维观念、思维方式的限制。所以,培养新闻敏感性,除了要不断扩充自己的知识含量和广泛吸纳写作经验外,还需要掌握一些独特的思维方式——逆向思维就是其中之一。

对一个新闻工作者来说,逆向思维就是指每遇到事情都要倒过来想一想,从相反的方向或者角度去考虑问题,发现别人没有注意到的事物,找到别人没有采用过的表达方式。当其他人都一窝蜂地从某个角度去做报道的时候,自己来个逆向思维写出不同凡响的报道,这才是难能可贵的。

笔者读大学时,教授《新闻采访写作与评论》的老师讲过这样一个故事。党的十一届三中全会后,有两名记者一起到农村去采访,他们在这个村子的公社值班室里睡了一晚上。第二天起床后,记者甲问记者乙:"你发现什么新闻没有?"记者乙却丈二和尚摸不着头脑,他对甲说:"昨晚咱俩不是住在一起嘛,既没有电话,也没有来人,哪来的新闻啊?"记者甲说:"这就是新闻。"随后,记者甲当即抓住这件事进行采访,写出了《两家子公社干部睡上安稳觉:夜无电话声,早无堵门人》的消息,从一个崭新的角度反映出十一届三中全会以后,农村实行生产责任制,家家忙农事,户户搞生产,日渐殷实,公社的干部再不必熬夜守电话等候上级的生产指挥,清晨也不必担心社员堵门要钱、要粮的事实。这个记者甲就是当时的《辽宁日报》农村部记者,后来的《人民日报》总编辑范敬宜。

现在细细回想这个故事,很耐人寻味。试想,当时在全国,采访农村工作的记者应该不下千八百人,那为什么他们没有察觉到这类新闻,而偏偏让范敬宜给抓住了呢?这就表现出记者在观察事物、思考问题的方式是不同的,范敬宜正是以逆向思维寻找到了新闻价值。我们的报道员在日常的生活中也应努力尝试着用逆向思维去发现新闻线索。

笔者在与学员报道员交流时常会讲起这句话:"军校新闻要'常新常写,常写常新'"。"常新常写"很好理解,如果出现件新鲜事,发现个"新鲜"人,就要及时报道出来,以时效性突出新闻价值。而"常写常新"却不是一件容易的事。

所谓"常写",是指新闻事实本身已不具备新鲜感,以前已反复报道和宣传过,或者这类事实属于"事务性新闻",每到这个时节都要报道宣传,例如临近毕业,各院校都在开展毕业工作,这个事实不仅去年报道过,今年要报道,明年还是要报道的。既然是"常写"的,那怎样才能写出新意,让它"常新"呢?

一是通过改变报道体裁,去年写过消息,今年就写个通讯;上次写过深度报道,这次就写篇新闻评论。当然,新闻讲究"内容为王",通过变换报道体裁也仅仅是形式上的不同,真正要把"老实事"报道出新意来还是要从事实的另一个角度入手,用逆向思维去挖掘新闻点。

一次,一个学员报道员告诉笔者这样一件事情。他所在的学员队有一个意见箱,是方便学员为学员队正规化建设提宝贵意见而设立的。但是现在好久没有开启过,因为很少有同学再提意见了。"没了意见也就没了新闻。"但转念一想,这本身不就是新闻吗。意见少有两种可能:一是学员队正规化建设越来越好,学员们提的意见已——采纳落实,问题越来越少;二是学员队办事不力,把学员们提的意见"束之高阁",或采纳了意见,但改进力度不大,没有达到学员提意见的预期效果,学员也就不再愿提意见了。无论从哪个角度报道,都可以构成一篇好新闻。

这件事其实很有意思。意见多是新闻,意见少也是新闻。所以说,从某种意义上讲,新闻工作就是抓两头的工作。原先没有的事情突然有了,这是新闻;原先有的事情现在又突然没有了,这也是新闻。只不过突然出现的事物往往能够容易引起人们的注意,而突然消失的事物则会很容易被人们忽视。因此,要发现这一类新闻,新闻工作者的头脑的确要与众不同一些,用逆向思维想一想,一般都会有新的发现。

"常新常写,常写常新。"以逆向思维培养新闻敏感性的最终目的是为了找到新闻线索,发现新闻价值。笔者认为,如果我们能够很好地把自身的知识、经验与思维观念、思维方式恰当地结合起来,并经过长时期的实践检验,就一定可以编织出一张布满新闻价值节点的线索网。

"另眼相看"新闻事实

——再议如何培养逆向思维采写新闻

学员看过笔者的文章《常新常写 常写常新》后,问道:"老师,用逆向思维培养新闻敏感性的确是发现新闻线索的一个好方法,但具体到采写时该怎样操作呢?为什么我写出的稿件常常是'大路货'?"

遇到问题,我们自然会去寻找解决问题的方法。但问题能否解决,还要看方法是否"对症"。所以,找到产生问题的根源是关键。

学员的疑惑其实源自"思维定势"。人们在认识事物、观察事物、分析事物的过程中往往会形成一个思维框架,久而久之,这个框架就成了规则。既然是规则,就会自觉不自觉地去遵守。所以,对于一个习惯于以某种思维去处理事物的人,突然要他突破规则"唱对台戏",这不是件易事。

当然,思维定势对新闻工作者而言并非一无是处。思维定势可以让新闻工作者依据以往积累的经验驾轻就熟地寻找到新闻点。例如,在学员采写的反映典型人物的稿件中,主人公大多是学习上的尖子、训练上的标兵、业务上的能手,这说明学员选取这类题材报道时是不费脑筋的,这些人具有典型性,站在了"新闻点"上,报道他们自然能够提高采访效率。但同时,思维定势的消极影响也显露出来。但凡"学习尖子"都是"学习刻苦,成绩优异";"训练标兵"都是"精神顽强,体能过硬";而"业务能手"也都是"技术精湛,细致严谨"。这样的"典型"真的具有典型性吗?这样的报道并没有从人物本身的特点出发去提炼主题,只是一个人名加上了"典型"的共性特征,造成"千人一面",读起来味如嚼蜡。如果新闻工作者常以这样的视角去报道新闻,稿件质量必难有突破。

怎样突破?四个字——另眼相看。"另眼相看"新闻事实,实则就是记者在用逆向思维寻找新闻价值。具体说来有两种方法:

一是变换属性。这种方法可以让记者在采访中改变报道主题,把大家都会选取的主题换个角度,变成性质相反的。当遇到一些常规性报道时,采取这种方法可以找到更为新颖、更为深刻的主题。

2011年4月9日,上海男排获得2010-2011赛季全国男排联赛冠军,实现八连冠。当时,全国各大媒体都报道了这一新闻,且褒扬之意随处可见,新华社更是用了"伟业"一词描述上海男排获得的成绩。但2011年4月11日的《中国青年报》却以《上海男排八连冠背后的隐忧》为题,分析了中国排球联赛举步维艰的困境和原因。

> 如果联赛票房惨淡、经营困难、收入微薄,还会有年轻人愿意从事排球运动吗?在这种情况下,即使一支队伍能够连续称霸八年、十年甚至更长的时间,又能说明什么呢?

文章最后连续用两个反问句揭示出新闻主题,鞭辟入里,一针见血。这比一般的稿件更深了一层,它告诉人们:一支队伍长期独霸冠军宝座,并不能代表国家排球整体水平有多高,反而却是一个畸形现象,预示着排球的活力与魅力正渐渐从大众的视野消失。

如果我们的新闻工作者在日常报道中都能像《中国青年报》的这名记者,遇到新闻事实时"另眼相看",不做浮光掠影的扫描,那写出的报道一定更生动、更精彩。

用逆向思维寻找新闻价值的第二种方法是变换位置。东西南北,上下左右,任何事物都有位置之分。同一个新闻事实,当其他人都认准某一端进行报道时,我们另辟蹊径从另一端进行报道,不仅可以扩大受众视野,还加深了报道层次。

笔者所在学校的某个学员队曾发生过这样一件事情。该队有个学员是公认的"板报高手",凡逢队里出黑板报,都是他挑大梁。他也常为此加班加点,久而久之疲惫不堪,影响了学习和训练。有个报道员了解到这一情况后,当即找到这个"板报高手"进行采访,写出了一篇题为《"特长学员"咋被"特长"绊了脚?》的稿件,从激发全体学员发展自身特长积极性的角度,反映出要让更多的学员注重自身能力素质的培养,具备一技之长。

这是一篇好稿,但仅是一篇普通的好稿。"好",因为这篇稿子抓住了问题的重点——原本的优势在不正常的使用下成为"绊脚石";"普通",作者在选取文章的切入点时是从大家都会关注的"特长学员"入手的,试想,在"特长学员"被"特长"所累的时候,其他学员是个什么状态,对于某些没有特长的学员,他们又在做些什么呢?如果从这个角度切入的话,也不失为一篇好新闻啊。位置变了,思维自然就变了。

无论变换属性,还是变换位置,归根结底都是为了要打破思维定势,去"另眼相看"新闻事实。这样,我们写出的新闻才会好看、耐看,回味无穷。

用事实说话

——新闻报道的基本要求

用事实说话,这是中央电视台名牌栏目《焦点访谈》的宣传语。话虽简单,却道出了新闻报道最基本的要求。做新闻是件有趣的事情,魅力就在于它能够通过报道客观存在的事实来体现传播者的观点与立场,揭示事物的价值与意义,从而去感染和影响受众。

记者在事实中精心布置思想观点,再让受众通过事实获得信息并悟出其中的道理,这就是新闻的力量。但这似乎并不是件易事,曾有位报道员在报道一位教员时这样写道:"他讲起课来旁征博引、幽默诙谐,往往一句戏言道破军队管理的精髓。"这句话虽写出教员的授课特点,但读者不会受到感染,更不会信服,因为除此之外,再无具体事实支撑这一观点,文章也就显得乏味无趣。可见,用事实说话对于新闻报道来说是多么重要。

事实是新闻的本源,它本身就具有强大的说服力和感染力。没有事实依据的讲道理都是苍白无力的。譬如,报道科研工作者如何专心于研究工作,如果记者仅是用空话说文道段,读者自然体会不到,更不会信服。而《人民日报》当年在报道陈火金这位自学成才的工程师醉心于工作时,选取了一件他家里遭小偷的事实,警察让他查看一下是否丢了什么东西,他第一个举动竟是"一头钻到床底下",看看他悉心收集的那些"破图书、破资料"还在不在。简单的一件事把人物特点刻画得活灵活现,比笼统、空洞的叙述、议论更有说服力。

既然事实能表理也可示道,那如何把事实表述好、表述得有艺术性,就是记者应该掌握的基本功了。大体来说,新闻报道用事实说话要注意以下四个方面:

一是精选事实。

新闻材料的取舍对于表现新闻主题非常重要,写作中要紧紧围绕主题选事实,以典型事例征服读者。

2011年10月后,全国都在学习党的十七届六中全会精神,这也是当时宣传报道的重点。但在报道员提供来的稿件中,我们很难发现"佳作",原因就在于大部分是表态稿,而不是新闻稿,缺乏具体新鲜的事实支撑。《解放军报》曾刊发过一篇题为《用"三名工程"造福部队官兵》的消息,反映的是302医院党委如何在工作中学习落实"三个代表"重要思想。全篇没有反复强调要学习贯彻"三个代表",而是用302医院"建设名科、培养名医、开发名药",让部队官兵成为"三名工程"直接受益者的事实,突出该院学习落实"三个代表"重要思想所取得的实效,没有给人以空洞的感觉。

二是注重细节。

用事实说话要精心选择细节。细节能传神,细节写得好,文章才具有立体感,受众才会受感染。

作家萧乾在特写《血肉筑成的滇缅路》中,描写筑路罗汉:

> 秃疮脑袋上梳着小辫的,赤背戴草笠的,头上包巾、颈下拖着葫芦形瘦瘤的,捧着水烟筒的,盘坐捉虱子的……一个个站在路边,或蹲在山脚,定睛地望着。

文字活泼洒脱,细节生动,让受众在头脑中不知不觉勾勒出一幅图画,不仅道出了筑路工人的平凡,也让人们在这种平凡中体会到他们的精神力量。

新闻写作的初学者尤其应注重多用细节事实表述观点以代替议论,要充分尊重受众的理解力,让受众在接受事实的过程中自然接受叙述中的观点。

三是通俗叙述。

新闻报道要以争取最广大的受众来扩大影响力,这就要求新闻语言能够满足不同层次受众的需要,通俗易懂就显得尤为重要。有些报道,尤其是在科教新闻的报道中,专业术语、技术名词引用较多,如果在写作中不加任何解释说明,受众的理解势必会受到影响,事实也就没有很好地传达信息。倘若在这类报道中多用"群众语言",效果就自然不一样了。

笔者在《谈谈如何避免"新闻腔"》中举例,《科技日报》2011年5月12日刊发题为《科学家首次观察到分子层面的多普勒效应》的报道,文中在解释什么是"多普勒效应"时以火车为例,"火车高速接近时的鸣笛声,听起来会比火车远离时更尖锐一些",这比"朝观察者移动时接受频率变高"更能够让受众接受。

四是多用形象描写。

新闻界常说,"事实不真实,新闻无生命;形象不真实,生命就干枯",没有活力就不能给人以难忘的印象。新闻报道要有形有神就要注重在人物、场景等形象描写上下工夫。这样的报道才会让人感到实在具体,真实可信。

"报界奇才"黄远生在通讯《囍日日记》中写到总统宣读宣言时,仅用12个字"精神矍铄,音吐甚朗,军服灿然"就把袁世凯志得意满、不可一世的神态写出来了。可见,以事实为依据的形象描写对于展现文章主题十分必要。

思维活·角度新·素材博

——谈教育新闻如何采写出新意

笔者在院校工作,接触最多的新闻稿件就是关于教学、训练、思想育人等方面的教育新闻。这类稿件看多了,写多了,报道员再报道此类新闻时常常感到没有新意,无从下笔。曾有报道员这样问笔者:"为什么我写来写去总跳不出框框,都是似曾相识的内容?"

的确,教育新闻的采写确实有难度。与突发性事件相比,教学活动、教育改革等都是一个比较漫长的验证过程,需要作者细细观察体味。同时,大部分教学项目都过于专业化,这又需要作者具有相应的知识储备才能在采访中识别、揭示有新闻价值的事实。

虽然有难度,但教育新闻与其他类别新闻相比,其采写又具有很鲜明的规律性。一般而言,教育新闻的内容主要分为四方面:

一是教学活动新闻。

院校是培养人才的基地,而军队院校肩负培养高素质新型军事人才的重任,在科教兴国、科教兴军方面担负着重要角色。大量的教学活动每天都在进行,这里的教学活动不仅指课堂教学、军事技能体能训练,也包括召开教学例会、举行讲评课、举办学术讲座等活动,这些活动都是教学活动的重要组成部分,具有一定的新闻价值。

二是教学成果新闻。

教学质量的高低往往由教学成果来体现,所以这些成果也必是受众比较关注的,是教育新闻报道的重要题材。

三是教学经验新闻。

教学经验新闻一直是教育新闻的重要内容。教学经验往往是作者比较关注的,例如教学方法改革、考试模式的改革等,这些是对科学的教育规律的探索,具有启发、借鉴、指导作用,所以教学经验新闻一般都具有一定思想深度,指导性较强。

四是教学人物新闻。

教学活动是人类传播文化知识、传授科学技能的一项具体活动,人是这项活动的主体。生动感人的人物报道不仅可以展现教育工作和学习者的精神面貌,增加文章的可读性,还可以以人领事,突出教学活动的细节与过程,展示教学全貌。所以,报道教学人物也是突出教育成果的一个重要方法。

以上四点是对教育新闻的简单分类,也算是可遵循的规律。之所以加以区分是为了在写作时能做到有的放矢,突出教育新闻的写作特点。那么,教育新闻要怎样采写才会有新意,才能吸引人呢?具体说来要注意以下几点:

首先,要思维活跃,处处留心。

前文提到,教学活动和教学改革等是一个漫长的验证过程,在这个过程中如何发现新闻线索、如何挖掘新闻价值,对作者而言较难把握。所以,采写教育新闻要处处留心,学会观察,从平凡中发现不平凡,在人云亦云中寻找突破点,用敏锐的前瞻性揭示事物的价值。

2011年10月,有关西安某小学为鼓励"后进生"给学生带"绿领巾",和内蒙古某初中为进步特别快的学生发放"红校服"的事件引起全社会的热议。各大媒体纷纷报道,指出这些做法不是激励而是歧视,分析此类做法的种种弊端,反思我们的教育体制和教学方式。

在众多评判中,《华西都市报》抓住"教育应以人为本"的理念做文章,撰文指出"将心比心,从'心'出发的教育,才是尊重人性,契合时代诉求的现代教育。"学校教育更应从尊重人的自由心性和独立人格,从悉心呵护每个受教育者的权利尊严的角度上,改进和完善以前存有纰漏的教育方式。"所有的用一些道具将学生进行差异化标识,并将这种差异进行极端的形象化、对立化的软暴力行为,都必须立刻废止。"这篇题为《废除"红校服、绿领巾"教育从"心"开始》的文章说理明晰,以思想辩思想,较一般报道更有深度,导向性更强。

其次,要角度新鲜,深入浅出。

教育事业是关乎整个国计民生的战略性事业,是社会前进发展的基础。而军队教育事业又关乎国防发展,是我军人才建设的基石。所以,教育新闻的题材一般都不轻,要深入揭示主题也不容易。这就需要我们在报道时要掌握好切入口,巧妙地选择角度。

报道员在与笔者的交流中,常常会抱怨有关课堂的稿件难写,因为"总是那几种教学方法,总是那几个教学模式",没有新意。诚然,没新意固然就没有新闻点,但这些方法和模式是在长期的教学实践中总结下来的宝贵经验,具有现实意义,值得推广和示范。所以,还是要报道的,只是我们在选取报道的角度时要多动些脑筋。

笔者曾和一名报道员合写过一篇题为《小课堂上演精彩大戏》的通讯。从内容上看,该报道反映的还是我们平时司空见惯的教学方法,例如学员主讲、课堂辩论,这些实属不新,但为了增加文章的可读性和影响力,我们从课堂教学的组织形式出发,借以戏剧表演中独幕剧、情景剧、舞台剧的导演方式为角度切入主题,展开文章,收到较好效果。

2011年10月26日,《光明日报》刊登的《超常教育,出了什么问题?》一文也是一篇角度新颖,说理深入浅出的文章。文章在导读中指出,近30年来,大学少年班从高峰时的13所下降到现在的2所,中学少年班也仅剩10所左右。但我国对拔尖创新人才的需要却求贤若渴,虽然科技人才资源总量超过4 200万人,居全球第一,而高端科技人才全国仅1万人,能进入国际前沿的世界级大师更是凤毛麟角。文章用数据作为角度引入主题,通过对比显现问题,突出矛盾,以此吸引受众阅读,确有新意。

最后,要厚积薄发,博观约取。

前文列举了教育新闻的分类,可见教育新闻的内容多、范围广,与各方面的联系错综复杂,有政策性也有指导性,有学术价值也有社会意义。所以,要想采写好教育新闻,作者一方面要具备相应的知识储备,还要养成坚持不懈长期积累各类信息材料的好习惯,这样在写作时才能在取舍素材方面做到游刃有余。

笔者曾在《中国教育报》上读到的一篇文章,可谓在这方面做足了工夫。2011年是辛亥革命爆发100周年,这篇题为《教育亦作革命》的文章从历史角度出发,讲述了上海的光华、复旦两所大学的来龙去脉,以及它们牵动着的那场百年前影响深远的革命,道出了教育史上一段与辛亥革命相关的往事。文章史实广博、事实翔实,可见作者在写作前占有了大量的素材。而本文作者是上海师范大学教育学院的副教授,从身份上我们看出,作者的职业背景是他写作此文的有利条件,这些素材正是他长期教学科研实践工作积累的结晶,是用心完成的。

上述所列实例对我们的写作具有借鉴意义,而我们在采写教育新闻时,还需从自身实际出发,多思考、多积累、多发现新现象、新问题,这样才会写出受众喜欢的重头稿件。

从一名获奖学员说起

——谈人物通讯写作

笔者所在学校的一名学员获得了国内某学科竞赛一等奖。一名报道员打算通过挖掘该学员在平日里的各方面表现报道他获奖背后的故事。但通过采访他发现,该学员除了在这次竞赛中获奖外,日常学习训练工作中的表现并不突出,一时竟不知如何下笔才好。带着疑惑,报道员找到笔者,寻求写作的着落点。

听了报道员的讲述,笔者想起读书时教授新闻写作的老师给我们分析过这样一个例子:

多年前,上海有一个叫陈燕飞的女同志,怀孕五个月还下苏州河救人。当时针对这一事迹,上海各媒体几乎都做了报道,社会反响也很强烈,但唯独有家大报对此事无动于衷,迟迟没有报道。于是,很多读者打电话询问原因,该报记者的回答有些出乎人的意料:我们采访过了,陈燕飞平时表现不怎么样。

只因"平时表现不怎么样",对这一救人好事的报道就该"搁浅"吗?这样的新闻态度显然不妥。

陈燕飞是普通一人,但她的所为是具有时代感召力的,是可供人们学习和借鉴的。从这一点上做文章,不但可以充分体现新闻价值,还可以通过报道树典型、扬正气,紧扣时代脉搏,在社会主义精神文明建设中发挥巨大作用。

再看发生在广东的"小悦悦"事件。救人者陈贤妹仅是一名拾荒女,平日的工作普通得不能再普通,如果按照上海这家大报记者的逻辑,陈贤妹的事迹肯定不能报道,因为除了救人她再没有什么"惊天动地"的作为了。当然,事实证明,这种逻辑是错误的,更是毫无根据的。

回过头再看这名获奖学员,虽然再无优异之处了,那还要不要报道——其实,报道员的疑问并不来自"要不要",而是来自该怎样报道。

一提到优秀的学员,我们总会想到他学习成绩优异、训练成绩突出,各方面表现都很强。但典型毕竟是"这一个人",如果他和其他人都一样,那我们的报道不就"千人一面"了嘛。所以,如何将人物通讯写好,如何突出人物个性还需要从以下几个方面着眼:

首先,从人物自身特点出发提炼主题、选择材料。

一般而言,人物的特点越鲜明,人物的形象也就越生动,给受众的印象也就越深。这一点与作者精心选材有很大关系。在展现人物时,不能把他的事迹全写进文章中,一定要找出这个人的"不同"之处,这才能反映本质。否则,一堆材料堆上去,写出来的文章也仅是一个人名加一堆事,是不会耐读、耐看的。

2011年是国际数学大师陈省身先生100周年诞辰,《中国青年报》在陈先生诞辰100周年纪念日来临之际,刊发了题为《陈省身:"大师"二字这样写》的长篇通讯。文章在体现陈先生待人和蔼可亲,无大人物的距离感时举了这样一个例子,陈先生晚年生活由两名护工照顾,由于浴室地面太滑,两位护工会帮着陈省身洗澡。刚开始时,属猪的陈省身同二人开玩笑:"我这头'猪',就交给你们俩了。"简单的一句话拉近了陈先生与护工间的距离,也传达了陈先生"人是平等的,没有高低贵贱之分"的理念。在这一点上,记者选材是成功的。

当然,任何一个新闻人物都是生活在一定的社会环境中的。他的言行受社会环境的影响,也是对周围的人、物、事、关系做出的反应。如要表现这个人,就不能脱离社会环境孤立地去写他。脱离社会环境大背景,新闻人物的言行就不被人理解,也就不具有感染力。在特定的环境中表现特定的人,要抓住"人与自然的矛盾,人与人之间的矛盾,人物自身思想的矛盾",通过一定的故事情节展现人物。

2010年11月10日,《解放军报》刊登题为《丹心兵情》的人物纪实。文中在展现"211医院"院长贾丹兵,带领医护人员去黑龙江边防巡诊时,这样描写东北边防气候的寒冷和自然环境的恶劣:

> 本来厚厚的大头鞋外面还套了毡靴,但寒风还是越过层层屏障,针一般刺进每个人的皮肤,甚至是骨髓。都听说界江冷,零下四五十摄氏度,但谁也没想到竟会是这般寒冷。人除了眼睛,几乎没有什么地方是可以裸露的。凡是裸露的地方,风都像刀子一般扎过来。

在如此这样的自然环境衬托下,贾丹兵满腔热情、全心全意为部队服务、为兵服务的精神更显可贵和伟大,她的形象也就在这人与自然的矛盾中矗立在读者面前。

这里需要指出的是,在特定的环境中表现特定的人还要处理好报道对象和周围人物的关系,不能使用贬低别人而抬高报道对象的方法,这就是我们常说的人物报道不能"捧杀"人物,也不能"棒杀"人物。

其次,抓住有特色的细节,表现人物内在性格与精神境界。

人物通讯很注重表现人物的个性与精神境界,而这种个性和境界不能简单地靠记者发表议论来展示,需要通过精心刻画人物的言行和气质。

最容易表现这一方面的即语言特征。《前卫报》2011年10月18日有一篇题为《我们班长很幽默》的文章,主人公黄江是个一米九多的大个子,但就是这样一个高大威武的人物满肚子都是"乐子"。他与战士李强单挑五公里越野败下阵来时,大家都以为他会黑脸,他却说:"就不该跟他比,小强属牛我属虎,'初生牛犊不怕虎',不输才怪!"这样的语言顿时把众人"雷倒",黄班长幽默的个性也跃然纸上。

再有行动。人物通讯名篇《县委书记的榜样——焦裕禄》在展现焦裕禄坚韧不拔、一心为民的奋斗精神时这样描写到:

> 很多人都发现,无论开会、作报告,他经常把右腿踩在椅子上,用右膝顶住肝部。他棉袄上的第二和第三个扣子是不扣的,左手经常揣在怀里。人们留心观察,原来他越来越多地用左手按着时时作痛的肝部,或者用一根硬东西顶住右边的靠椅上。日子久了,他办公坐的藤椅上,右边被顶出了一个大窟窿。

如此一来,焦裕禄忍受的病痛有多大自然就被受众理解了。

语言、行动、气质、习惯、思维方法……这些都可以用来表现细节,细节波澜曲折,文章自然引人入胜。当然,细节也无需一一道来,否则反而显得拖沓混乱,着意刻画好有特色的细节,可塑造充实饱满的人物形象。

最后,人物要有时代感,要有时代特色,要体现时代的特征。

这里所说的"时代"既指国家、社会这个大时代,也指一个单位、一个团体的小时代。穆青曾说:"一篇好的人物通讯,往往会起到人物的某一段传记、时代的某种纪录的作用"。

不同的时代产生不同的典型人物,不同的典型人物展现了不同的时代精神,这是一个老生常谈的话题。人物通讯要再现人物,就要具有他所处时代的印记和特征。近年来,一大批具有鲜明时代特征的典型人物脱颖而出:

"新时期的活雷锋"郭明义,"全军爱军精武标兵"何祥美,"最美妈妈"吴菊萍……这些典型人物正是具有鲜明的时代特征,回答了当前人们迫切需要解答的问题,才产生了良好的社会效应。由此可见,人物通讯一定要把时代需要和新闻人物本身的特质结合起来。

我国当代著名记者陆拂为和任复兴合写的通讯《"野人"张候拉轶事》堪称体现时代特征的典范。文章对社会环境的描写虽然只是寥寥数语,却起到举足轻重的作用。无论是革命战争时期,还是社会主义建设初期、三年自然灾害时期、十年动乱时期,主人公张候拉都在植树造林,所以文章刻意去写这些不同时期张候拉的行为和思想活动,给读者展示了一个完整的、立体的人物形象,而且也体现了张候拉是与社会一起发展、一起进步的。

我们再次回头看文章开篇提到的那个获奖学员,他的事迹和上述这些"大人物"比起来当然不足称道。但他能取得这样的成绩,在平时也许不是以分数较高、排名靠前显露的,而表现为遇事认真负责、仔细谨慎、肯动脑筋等,有时甚至在很不引人注目的小事上表现出来。所以,要写好人物通讯,还需在深入采访、用心消化、准确把握、精心提炼上下工夫,这样才会真实地反映人物形象。

从"刘珪"系列报道看写好人物新闻的技巧

2013年3月中下旬，全国各大媒体相继报道了广州军区某集团军特战旅作战二营一连连长刘珪矢志军营谋打赢的先进事迹。平面媒体中的《解放军报》、《中国青年报》、《科技日报》、《战士报》等报纸都做了连续报道，其中《战士报》连续十期对刘珪事迹做了系列专题报道，《人民日报》、《光明日报》、《新华每日电讯》、《南方周末》等报纸也做了大篇幅的报道。

虽然各媒体报道的篇幅不同，报道的侧重点不同，报道的叙事方式也有所不同，但作为人物新闻，各媒体记者在写作中都精选素材、注重情节、突出主题，全方位还原了刘珪的人物形象，达到了典型宣传的目的和效果。笔者在研读这一系列报道时也发现，尽管每篇文章作者的写作风格迥异，但在人物新闻的写作特质上，他们遵循了一些共性的叙事法则，运用了某些相同的写好人物新闻的技巧。

1. 突出表现人物的某一侧面

对于典型人物而言，这是一个不能回避的话题，写人物就是写出个性，这也是人物新闻写作亘古不变的真理。我们还原人物，要还原到人物本身，不能让人物的思想和其所代表的意象带有人物本身以外的东西。这就要求作者在写作的时候多问问自己为什么要写这个人物，他究竟是哪方面吸引了你。

人物新闻写作中最容易出现的弊病,是作者会过多注重写人物取得的成绩。当然,这往往也是这个人物引人注意的原因。但成绩是"果",不是"因",有精彩的故事,更要找到和这个故事相关联的人物个性,这才是本质,简单地罗列事实不是表现个性。在"刘珪"报道中,各媒体都提到了刘珪的"霸蛮",这股执著、顽强、能吃苦、认死理的劲儿,正是刘珪可以创造一个又一个纪录的本质所在,这也就成了刘珪的一个最显著的符号。

诚然,一个人的侧面有很多,作者不可能在一篇文章中将人物的所有个性都展现出来,这也是为什么媒体对刘珪的报道要分系列。以《解放军报》为例,三篇报道分别以刘珪的"精武强能"、"忠诚使命"、"知兵爱兵"等特点为主题,在有限的篇幅内挖掘人物的本色。这三点是当代基层指挥官最应具备的品质,正因为"最应该",所以才最珍贵,也才要重点报道。

2. 拒绝"从猴子变人说起"

这是报道员采写的人物新闻稿件中常见的一个问题。作者喜欢按人物传记的方式来写人物新闻,生怕漏掉这个人的某一时期的事迹,生怕漏掉自己采访到的任何素材,总喜欢"从猴子变人说起",这个人小时候怎样怎样,上学后怎样怎样,到部队后又怎样怎样。这种传记式的人物报道从另一个侧面反映出作者在写作时的主题意识是淡薄的,落笔前在头脑中没有形成清晰的写作线索。

人物早期的事情该怎样写,如何和现在的事实相联系,最根本的还是要找到"过去"与"现在"的契合点,找到与主题相关联的"卯眼"。在"刘珪"系列报道中,媒体讲述的都是刘珪到特战旅后的事迹,但作者们都提到了当年刘珪的入伍动机——1999年,以美国为首的北约轰炸南联盟,我驻南使馆遭袭,刘珪心底升腾起从未有过的痛。这是一名军人应有的报国之志,也是刘珪能成为"矢志打赢模范连长"的最原始的根源所在。可以说,有了这种

"痛",才有了今天的刘珪。所以,在讲述刘珪的故事的过程中,除了这一点是必须要提到的,其他入伍前的故事,或者到特战旅前的故事都可以不涉及。

3. 多用叙述、描写、引语"三兄弟"

人物新闻是最耐看的新闻。人物要写得鲜活,就要多描写能够反映人物个性的行动和语言,这就要求作者在叙事时不能一沉到底,需要综合运用叙述、描写"两大笔法",这样文章才不会显得沉闷。

在刘珪的事迹中有这样一个故事,在一次组织新战士进行伞降训练中,由于强气流袭来,新战士陈波连人带伞卷进了刘珪的伞中,危急之中,刘珪抓住飞伞把柄,把自己的伞飞走,直至陈波飞出安全距离后他才拉开备份伞,而此时刘珪已经没有足够的时间安全降落。幸运的是,他正好在一处水草地上着陆才大难不死。

这段经历是惊心动魄的,生动反映了刘珪"爱兵当己任,生死入胸襟"的精神品质。在讲述这段经历时,大部分媒体的记者是以叙述的方式来展现的,基本上是点到为止,而《中国青年报》和《南方周末》的记者却在细节处下了一番工夫,着重描写了刘珪落地后战友的反应和他本人的反应,增强了文章的现场感。

《中国青年报》

> 战士们大喊"连长",从四面八方向他奔去,紧紧抱住他哭成一团。良久,刘珪轻轻推开大家说:"哭什么,没出息。"

《南方周末》

> 那一晚,刘珪在睡梦中不断重复,"注意隐蔽!""当心气流!"接着这位硬汉哭了。

除了叙述、描写穿插使用外,引语的使用也可以增强文章的可读性。

无论是直接引语还是间接引语，都必须是人物具有个性化的语言，而且必须精练，这样人物形象才具有立体感，受众才会对这个人物印象深刻。同样是表现刘珪顽强能吃苦的精神，《解放军报》在讲述刘珪进行跪姿瞄准练习一动不动瞄了一个小时，训练结束时右脚麻了伸不直时讲到，刘珪用枪托砸右脚，记者问为什么不用手揉揉，刘珪嗤之以鼻："哪有这些闲工夫？"这样一句反问引语的使用活脱脱地把刘珪的"霸蛮"再一次表现出来。

此外，引语在新闻叙事中还有一个重要的功能就是调节文章的节奏。较长的引语可以延缓叙事节奏，增强文章的感染力，而短小精悍的引语可以使平缓的叙事骤然产生变化，受众的精神也会为之一震。

4. 以特殊环境(场景)塑造人物性格

一个人的成长离不开环境的影响，特殊的环境(场景)造就特殊的人。刘珪的品质来自训练场的熏陶，在还原刘珪的品质时一定要再把他放回训练场中去。

纵观各媒体的报道，刘珪出现频率最高的场景就是在训练场和赛场。尤其在《中国青年报》的报道《中国特种兵》一文中，记者把整个故事的环境设置在荔枝林中——而这正是刘珪的"战场"。文章以荔枝林为线索串起整个故事的叙述：

"平静的荔枝林变得杀机四伏，记者走得步步惊心。""荔枝林里的战斗在继续。""荔枝林里传来一声吼叫……""战场从荔枝林转移到一无名高地。"

设想，如果把刘珪放到课堂或办公室来展现，还能否把人物的品质真正体现出来？

5. 借他人之口来讲故事

我们写一个人，可不可以只采访他，而不采访他周围的人？不可以。一般而言，采访对象不会意识到自己在别人心目中的印象，只有将周围的人提供的关于采访对象的印象一并写入文章中才更可能还原人物的本来面貌。而做到这一点并不容易，因为要无限还原就要尽可能地多采访周围的人，两三个人，还是四五个人？作为典型人物的写作最少应该是十个人。

我们看"刘珪"系列报道中涉及的周围人：妻子陈娟，旅长胡宗平，机步营营长杨昊，作战科长李勇，战友凌名忠、陈波、龚拥政、陶琴、姜鸿伟……。

采访对象越多，获取的资料越翔实，人物的形象越丰满。《中国青年报》的《中国特种兵》，《新华每日电讯》的《时刻准备打仗的特战连长》和《科技日报》的《带兵就要打胜仗》，分别借战友陶琴、作战科长李勇之口讲述了刘珪的故事，显得真实生动。

我们如何写"问题"
——兼谈何为"问题式"稿件

在报道员近一段时期的来稿中,"问题式"稿件占了大部分。由于这种稿件结构简单:发现问题—分析问题—解决问题—结果如何,模式规整,写起来行文清晰,读起来思路明晰,所以深受报道员喜爱,也就成了版面上的"常客"。

但写得多了,就成了一种思维定势。但凡发现有价值的新闻,报道员都会考虑从"问题"角度入手来采写;无论采取何种新闻体裁,报道员都会以"问题式"稿件的形式来编排行文。久而久之,这似乎就成了记者和编辑之间约定俗成的默契——写起来容易,编起来简单。

其实,如果重新审视"问题式"稿件的写法,我们应该跳出现有的写作窠臼来考虑两个问题:一是何为"问题",二是如何写"问题"。

现存在于我们稿件中的"问题"大多是"矛盾",或者说是需要解决的矛盾。在"问题式"稿件的写作中,除了点出"矛盾"之外,还以经验做法来破解这些矛盾,对现实提供可借鉴的依据。

的确,这就是我们常说的在新闻中要抓问题,但抓问题不仅是要暴露出问题,还要再解决这个问题。这仅仅是"问题式"稿件需要反映的一方面,而对于广大官兵关注的焦点、难题也应该是记者需要抓的问题。这类稿件就不能单纯适用现有的"发现问题—分析问题—解决问题—结果如何"的写作结构。

说到这,有读者可能会有疑问,官兵关注的焦点和难点有很多方面,这些方面虽然都有新闻价值,但不见得都是问题、都是矛盾,如果把这些也都当做是抓问题,那"问题式"稿件岂不就失去了特色和应有的作用?

要回答读者的这个疑问,还要从军事新闻本身的特性来分析。军事新闻与经济、文化、社会等其他类型的新闻相比较,具有强烈而显著的指导性。《解放军报》在1956年1月1日创刊号的社论《运用报纸指导工作》中就曾指出:《解放军报》的任务……协助总部各领导机关加强对部队的高度集中统一的领导,使中央、国防部和总部各机关的领导意图更加迅速地、准确地、同时又是"一竿子插到底"地传达到各个部队中去。所以军事新闻作为一种政治性、政策性很强的新闻,根本职责就是对实际工作的指导。

在我们日常的新闻工作中,有些报道员常常将军事新闻的这个职能和军事新闻的宣传职能混淆。我们知道,新闻与宣传的最根本区别在于:新闻传播信息,宣传传播观念。这种最根本的区别使"新闻"与"宣传"的差别具体体现在四个方面:

一是新闻重事实,宣传重观点。

没有事实的新闻不能成为新闻;而宣传可以仅进行逻辑论证,即使需要事实也只是为观点服务的,所以,从这个角度来看,新闻可以作为宣传的手段。

二是新闻重时新,宣传重反复。

新闻是易碎品,所以特别强调时效性和新鲜感;而宣传需要将理论、观点、意图等反复灌输给受众,最终达到宣传者的目的。

三是新闻重客观,宣传重主观。

真实客观是新闻的生命线,任何一个媒体和媒体工作者都不应以牺牲新闻的真实客观公正来博取受众眼球;而既然宣传者在宣传时有主观意图,所以在实施时就具有排他性,仅以主观意图为转移。

四是新闻重传播,宣传重反馈。

新闻是以传播信息为目的,换句话讲,没有传播出去的事实不能成为新闻;而宣传的目的是为了使受者赞同、拥护、支持宣传者的观点、主张,以实现宣传者的既定目的。所以有学者总结道:新闻传播是"受者晓其事",宣传行为是"传者扬其理"。

我们弄清了新闻与宣传的差别后再回头看军事新闻的指导性。正是因为军事新闻兼顾新闻与宣传的特点,所以在"抓问题"时就不能仅以宣传为目的,也不能单以传递信息来取悦受众。具体到新闻实践中,记者在"抓问题"时不能只看到矛盾、寻找到矛盾的来源和解决矛盾的办法,更应该以受众意识为出发点探寻新闻的本质生命。

1981年11月13日,《解放军报》发表了题为《优秀义务兵的好母亲——赵趁妮》的通讯。文章讲述了一个普通义务兵的母亲,她在几个亲人相继去世、生活遭遇极大不幸的三年中,挺起胸膛,挑起了全家生活的重担,用全部心血关怀人民军队,支持自己的儿子安心服役,为祖国尽义务。

这是一篇典型的"抓问题"稿件,"问题"就在于军队改革的大背景。当时我国军队干部制度改革已经进行,干部不再直接从士兵中提干,所提干部必须经过院校培养。在这种背景下,部队出现了兵难带的问题,很多战士不安心服役,有的家庭也希望战士早退役回家。这种情况下,赵趁妮作为一名义务兵的母亲在遭受了那么多磨难下仍然支持儿子安心服役,这样的事迹正面解答了这个难题,具有强烈的指导意义和现实意义。

这篇文章不是我们常见的"问题式"稿件结构,但处处都在反映问题,解决矛盾。因为它的针对性很强,所以才能引起广大官兵的注意。但它吸引人的地方不仅仅是这一点,抛开军队改革的大背景,在这样一位母亲的身上我们同样看到了中华民族的传统美德,套用现在的流行语,赵趁妮可谓"最美母亲"。所以,单从社会意义来看,这个事实也具有显著的新闻价值。既有新闻价值,又有宣传价值,还具有指导性,这自然是一篇典型的"问题式"稿件。

当然,我们如何才能摆脱"发现问题—分析问题—解决问题—结果如何"的写作套路,真正从焦点、难点中抓问题呢?关键还是要"求新"。抓问题,一定要有求新意识,总抓那些别人提出过、已经引起关注和正在解决的问题,总提那些表层次见解和认识,是提不起受众兴趣的,也是没有任何宣传价值和指导意义的。

细节从哪里来

当我们每天刷着微博逛着朋友圈的时候,可能很少会有人注意到欧美平面媒体普遍哀鸿遍野。继2012年《法兰克福评论报》、《德国金融时报》停刊后,2013年《洛杉矶时报》和《芝加哥论坛报》申请破产保护,《新闻周刊》也停止了纸质版发行。这一切的发生都是因为受到新媒体的冲击。

新媒体出现后,信息传播渠道日益多元化,报纸等传统媒体不再是受众获取信息的唯一来源。在时效性和信息量的竞争中,新媒体的强大技术支撑使传统媒体逐渐退出主角地位。当然,我们理性看待,在技术层面,新媒体善于结合新的通讯技术,在时效性、信息量、互动性、关联性等方面表现出强大优势,这是以报纸为首的传统媒体不能比拟的。但是,经过传统媒体和新媒体在新闻传播领域的竞争和磨合之后,我们也清晰地发现,除了表现形式更加丰富外,新媒体要长足发展也必须要回归到内容本身。因为任何一种媒体只有为受众持续提供高品质的信息才能长盛不衰。内容为王,这也成为新闻界对报纸等传统媒体重新崛起寄予的厚望。

我们需要细节

但在这条崛起的路上,我们不得不去面对一个无法逆转的现实:信息技术的高速发展为受众制造了海量的信息。面对过剩的信息,受众更愿意选择那些易于理解,行文清新简洁,能够轻松阅读的信息。从受众心理学来看,这就是"浅阅读"。

对于信息传播者而言,不能把受众的"浅阅读"简单地理解为是一种快速的、粗浅的、缺乏文化内涵的阅读方式。这种"浅"是由现代社会中快节奏的生活方式造成的,是由信息大爆炸引起的,更是由网络技术提供的方便的检索途径形成的。受众在潜移默化中使用这种阅读方式的同时并不排斥对信息做更深一层次的理解,他们对深度报道是渴求的。所以,传播者所呈现的新闻作品应该更加细致、生动、通俗易懂,以满足受众对信息的"浅阅读"的审美心理追求。只有具象可感的事物才容易引起关注,也更容易进行记忆。将此引用到新闻叙事中则需要注重对新闻细节的把握和控制。

那么,细节该从哪里来?新闻细节是组成新闻作品的最小单位,是能突出表现新闻内涵和传播者意图的基本元素。对这个概念应该从狭义和广义两方面理解,狭义指对单一的新闻事实而言,细节是能表现人物和事件的可识别特性的文本,例如语言、行动、环境等;而广义则指在多个新闻事实中,细节是最能引起受众注意且最具新闻价值的客观存在。

这就使得记者需要在一整套新闻流程中寻找和掌握细节,这个过程不单指新闻作品的成型阶段(写作),更应该在策划和采访阶段。

细节从策划来

策划是为了追求最好的效果,对已经发生、正在发生和即将发生的社会事实的报道所进行的一种全方位的谋划。在策划过程中,谋划细节是实现传播效果的重要手段之一。对细节的策划,实质是在宏观层面探寻新闻事实的价值点,因为"新闻的价值是事实信息适应和满足公众兴趣与需要的各种信息要素素质的总和。"在众多的要素素质中,"稀缺性"是细节策划所要着重关注的。物以稀为贵,稀少的东西才能引起人们的关注,才能吸引受众的眼球。具体而言,细节策划可以从两方面挖掘"稀缺"的内涵。

一是关注新闻事实的稀缺个体。这个个体不是共性的,亦或在这个时代太普遍反倒不太能引起人们的注意。但这种个体又是有热度的,它能唤起人们的深度思考和精神追求。正所谓新闻事实的"暗区",一旦有聚光灯打在它上面,将呈现出与众不同的精彩。

2008年汶川大地震后,《中国青年报》刊发了一篇题为《回家》的特稿,讲述水磨镇农民程林祥的儿子程磊在地震中遇难,父亲找到儿子的尸体后将他背回家,"让他在家里最后过一夜"。当时记者是在赶往映秀镇的路上遇到程林祥夫妇,但因为急着到映秀镇采访,记者没能和程林祥夫妇多交流。等从映秀镇回到成都后,记者还是下决心去采访程林祥。为什么程林祥这个个体能够如此强烈地引起记者的注意?在整个大地震中,我们看见了太多的死亡,这种悲痛是无法言表的。程磊是十万遇难者中的一位,陷于悲痛中的人们不会对他过于注意,但对于十万遇难者的亲属而言,程林祥失去儿子的感受是他们所能深切体会到的。从映秀镇采访回来的记者,他手中应该有很多可以报道的素材,但他还是毅然选择了程林祥背儿子的这个"细节"来展现十万人的遇难,这个细节在记者掌握的素材中是罕见的,因为当我们把视线从十万人集中到一个人身上时,我们发现,一个人的死亡更能打动我们的心,更能让我们懂得灾难是什么。

二是关注曾经名噪一时却鲜为人知的旧闻。2014年3月18日,克里米亚与俄罗斯签署入俄条约,宣布正式成为俄罗斯的一部分,乌克兰表示永远不会承认克里米亚加入俄罗斯联邦,一时间俄罗斯与西方剑拔弩张。《国家人文历史》抓住这一新闻事实于2014年第7期刊文《克里米亚:现代战争的起点》,重新讲述了150年前沙皇俄国与英法之间的"克里米亚战争"。作者回忆了克里米亚战争的来龙去脉,同时有意识地讲述了在这场战争中出现的诸多"第一次":第一次在战争中用火车运送补给增援;战地记者(威廉·拉塞尔)第一次登上了历史舞台,克里米亚战争成为有史以来第一场被全程跟踪报道的战争;南丁格尔率队在战场建立了第一所近代战地医院。这些早已被遗忘的"细节"重新唤起读者对过去那个时代、那场战争的关注。

细节从采访来

而从严格意义上讲,细节策划是一个完整的程序和结果,它最主要的工作是在前期。凡是成功的细节策划都是以扎实的采访为基础的,没有采访就不能呈现出好的细节。但是,作为一种"选择性"的心理机制,记者在采访时不能以普查式的方法收集细节,而是更应该注重在采访中捕捉和挖掘细节。

捕捉细节。在新闻事实中,细节是无处不在的,可有时它只是昙花一现,记者需要凭借敏锐的新闻眼去抓住它,让它持续绽放精彩。

同样是有关汶川大地震的报道,新华社新闻《一个灾区农村中学校长的避险意识》正是来源于记者在采访中捕捉到的一个细节:灾后,中科院的心理辅导机构到四川安县桑枣中学为学生做心理辅导,记者来到学校准备采访这一事件。但是18岁以上的人员不能参加辅导,记者就被请出了教室。教室外有一个"矮,胖胖的"中年男子,男子指着学校的实验教学楼对记者说:"你看这个破楼,如果不是我加固,(在地震中)早塌了。"这个男子是桑枣中学校长叶志平。

原来,实验教学楼建设时,学校没有找正规的建筑公司,"楼梯栏杆都是摇摇晃晃的,灯泡各式各样,参差不齐,教室本应雪白的墙上,只有底灰,什么都没有。"等叶志平当了校长后,他下决心一定要修这栋楼。他找正规建筑公司,将只填了水泥纸袋的楼板缝重新灌上混凝土;将华而不实又很沉重的砖栏杆拆掉,换上轻巧美观结实的钢管栏杆;将整栋楼的22根承重柱子按正规的要求，从 37 厘米直径的三七柱，重新灌水泥，加粗为 50 厘米以上的五零柱。地震发生后，学校的 8 栋教学楼全部成为危楼，但这栋实验教学楼没有塌，地震时坐在里面的 700 多名学生和他们的老师紧急疏散，没有一人伤亡。

当还在为被请出教室而耿耿于怀的记者听到叶志平的讲述后眼前一亮，迅速抓住这个细节（没有伤亡）展开采访，成功采写报道。而之前来到桑枣中学采访的记者听说学校在地震中没有伤亡后就都走了，因为在他们看来，这个细节不能够支撑他们的主题——救灾。殊不知，防灾，在此刻更有新闻价值。

挖掘细节。如果把新闻事实比作冰山，那么细节有时就是冰山浮出水面的那一角。只有沉进水下，才能看到冰山的全貌。好的记者善于用具象的人物、事件和场面来展现事实的全貌，体现在写作中，"更多的是描述而不是叙述，更多的是记录而不是概括"。

深夜里，还有一些你意识不到的重要部门在默默运作。在东直门附近的北京油气调控中心，包括周晓莹在内的 60 名夜班天然气调度员，正在指挥 1 000 多个天然气管道，为这座城市输送它赖以生存的血液（每小时平均输送 200 万立方米）。而当夜间的修路工把一卡车沥青卸到地面时，北京冬夜的地面温度瞬间能达到 130 摄氏度，如果不小心踩上去，2 厘米厚的胶靴底也会被融化。

在夜间的灯光卫星图上，北京城会呈现出一个类似于神龟的图案。组成这幅图案的是存在于公共建筑里的约 1 000 万个灯泡，和分布在全市区的 18 万余盏路灯，这些路灯由一个叫做北京市路灯管理处的部门负责。从 1906 年北京第一次出现电路灯开始，北京的路灯维修人员已经在深夜里穿梭了一百多年。

这是《北京零点后》(《人物》2013年2月号)中的一段描述。从中,我们能够看出,记者在写作前做了大量充足的采访,这是发现、积累、取舍细节的重要一环;其次记者将这些细节挖掘为具象的数字、故事和紧凑的行文,将抽象、理性的思考放在台后,充分印证了——新闻的力量在细节,细节的力量在现场。

理工科军校学员新闻写作能力培养探究

叶圣陶先生说:"大学毕业生不一定要能写小说诗歌,但是一定要能写工作和生活中使用的文章,而且非写得既通顺又扎实不可。"这话阐明了培养军校学员实用文写作能力的必要性和现实意义。笔者经常接触到学员所撰写的各类稿件,虽然这些稿件中不乏优秀作品,但是大部分稿件或多或少存有写作上的问题,如果不进行加工、修改,可以说是不能被采用的。而新军事变革和部队任职需求,要求军校毕业学员具备迅速筛选、准确处理信息的能力,以及具备简明、准确、质朴、得体的语言表达能力和语言概括能力。因此,军事院校,尤其是理工科军事院校,在制定人才培养计划时,应把提高学员驾驭新闻写作能力作为工作目标,以达到提高学员任职能力和综合素质的目的。

一、理工科军校学员新闻写作能力现状及原因分析

从学员的日常来稿中我们可以看出,学员在新闻写作中常见的突出问题可归纳为以下五点:一是"学生腔"较浓,文章华而不实,稿件的目的性和实用性不强;二是对文章所阐述事实深入调查不够,凭空想象、凭空臆造,造成稿件失实;三是有的遣词造句不严谨,随心所欲地创造词汇,违背了汉语

的写作规范；四是对新闻写作的知识了解甚少，对新闻的基本格式没有掌握，"四不像"的文章较多；五是稿件时效性较差，失去了新闻的价值和采用的机会。

分析上述问题出现的主要原因有以下三点：

1. 中学教育中片面追求升学率

这就造成不少学生偏科问题比较严重，准备报考理工科军校的学生忽视语文课的学习。此外，由于不少学生在初、高中学习阶段忙于各门功课的备考，把主要精力和时间放在应考的课程上，因此对无关考试的知识不予关注，所以他们对新闻写作的知识了解得甚少，对新闻写作基本格式也没有掌握，因此把新闻稿写成了"四不像"的文章也是自然的。

2. 理工科军校的课程设置有偏差

为突出专业课的学习，大学语文课程所占课时量较少，而在大学语文的授课内容中又没有新闻写作的授课计划，更没有从学员的第一任职需要开设新闻写作类的课程，这就致使学生失去了对新闻写作知识进行较系统学习、研究的条件与机会，因此学生的新闻写作水平还停留在原始阶段。

3. 新闻写作业务不熟悉

从新闻写作的业务上分析，新闻写作本身是一项实践性很强的活动，它要求新闻工作者必须系统地学习新闻写作的理论，并在掌握各种新闻体裁的写作格式和技巧的基础上，进行具体的调查采访，需要亲身经历提炼主题、构思写作思路、选择体裁及采用写作方法等过程，这些过程中的每个环节都是不可轻视和偏废的。由于大部分理工科学员对新闻写作知识欠缺，不懂得什么是新闻价值，不懂得各种体裁的新闻作品有何特点，在写作中怎样才能做到真实、新鲜、及时等，自然就写不出高质量的稿件，所以就出现了稿件质量低、时效性差，甚至出现稿件失实等问题。

但从学员积极写稿、投稿现象的另一面分析，我们可以看出理工科军校学员十分渴望学到并掌握新闻写作的知识与技巧。因为这些知识和技巧在他们日后的第一任职中是非常实用的,是可以为自己的能力水平的展现添加砝码的。我们的学员在《解放军报》、新华网、中国军网等军内外主流媒体上频有作品发表,说明他们的新闻写作愿望也是十分强烈的,也展现出我们的学员的新闻写作潜能。

可见,学员已经认识到,新闻写作能力是未来指挥员的基本技能。因此,加强新闻写作能力的培养应成为理工科军事院校素质教育的重要内容之一,并以此为抓手,实现当代军校教育"能力本位,全面协调发展"的教育目标。

二、提升理工科军校学员写作能力的方法

针对学员的写作诉求和胜任第一任职能力的需要,理工科军校学员新闻写作能力的培养需要从以下几个方面着手:

1. 注重积累,学以致用

写作能力是对所积累的材料进行选择、提取、加工、改造的能力。积累是写作的基础,积累越厚实,写作就越有基础,文章就能根深叶茂开奇葩。没有积累,胸无点墨,是写不出好文章来的。因此,培养学员新闻写作能力的过程中,要让学员意识到积累的重要性,培养学员自觉积累的意识。

一是素材的积累。

素材是写作之源。军事新闻写作素材主要来源于部队日常生活。在火热的军营生活中有很多美的事物,学员要学会时时处处留心周围各种各样的事物,熟悉形形色色的部队现象,不断扩大自己的生活领域,捕捉生活热点,在生活中多留心多思考,有意识地捕捉有意义的事,有趣的人,并随手记下。这样,发现多了,积累也就多了。

二是语言的积累。

语言是文章这所房子的砖瓦,军校学员需要有意识地积累语言,读书看报,碰到富有表现力的字词句时;听广播看电视,甚至听别人说话,得到美妙的言语时,都应记下来。平时碰到的成语、歇后语、名言警句等等,只要自认为生动美妙的,就应积累。这样,积沙成塔,集腋成裘,从而逐步建立自己的语言词典。

三是精妙写法的积累。

"《文选》烂,秀才半"之说,形象道出了古人学习写作的经验。大凡优秀的新闻作品本身就告诉我们,文章该怎么写,不该怎么写。通过熟读、多读优秀的新闻作品,达到心领神会的程度,自然学到写作的方法和技巧。阅读多了,积累多了,用于新闻写作实践,必能提高新闻写作水平。

2. 提倡模仿,培养兴趣

模仿是借鉴的一种形式,但模仿不是简单的照搬,应当是创造性的借鉴。模仿的特点是针对性强,有法可循,既降低了写作的难度,又收到明显的效果。对于新闻写作水平不高的理工科学员,应积极提倡模仿和借鉴范文,逐步培养新闻写作兴趣,使之循序渐进地沿着新闻写作的道路走下去,逐渐地提高新闻写作能力。即使刚开始时的机械模仿,也应加以表扬和肯定,使他们产生写作的兴趣和欲望。

学员们日常阅读和浏览的《解放军报》、《中国青年报》、中国军网中的许多新闻都是很好的范文,学员阅读后可以模仿写作,学以致用。虽然模仿是提高新闻写作能力的第一步,但不能一味地模仿,开始起步时可以进行模仿,但入门后必须脱离仿写,走创新之路,追求自己的写法,有自己的特点。

3. 探索路径,解决矛盾

一是解决好新闻写作能力训练与综合素质提高的矛盾。

新闻写作要确保写作方向,做党的方针、政策的宣传员。新闻写作活动的结果是写作者多方面素质的综合体现,它不仅体现着写作人员的文字功夫，而且涵盖着写作人员的政治素养、道德修养、学识修养、行政事务及值勤、管理、作战的经验、思维能力等方面的素质，因此培养学员新闻写作能力应将相关学科的知识进行融合与引导。

二是解决好学员缺乏实际经验与军事新闻写作要有"职业思维"的矛盾。

因缺乏相应的工作或值勤管理经验，学员写起一些新闻时经常会出现思路无法到位，不能很好运用军语等现象。为此，必须要尽可能收集军事信息，积累参谋工作和作战管理经验，做好必要的解说，提供可供借鉴参考的范文，以改善学员军事思维"短路"的现象，这一点对高考入校的地方学员来说尤其重要。

4. 搭建平台，推荐发表

在军校学员新闻写作能力培养的初级阶段，写作兴趣的培养是至关重要的一环。在每年新生入学时，都会在入学新生中挑选新闻骨干进行集中培训。通常只要一个学期的时间，参加培训的新闻骨干能力素质就会出现很大的差异。能力素质较强的学员已经开始承担基层学员队宣传任务，在校报和军网上也经常能够见其作品发表。而与此形成鲜明对比的是，大部分参加新闻骨干集中培训的学员在后来的宣传工作中却变得默默无闻了。通过这几年组织的新闻骨干培训，笔者发现凡是那些后来表现优异的学员，在新闻写作能力培养的初级阶段必然是对新闻写作抱着极大兴趣的。

"兴趣是最好的老师"。新闻写作能力培养不是一个一朝一夕就能完成的任务，说到底需要个人长期的学习、积累和实践。很多学员在刚接触军事新闻写作时，会表现出极大的兴趣。然而时间一长，新鲜感一过，很多学员的厌烦情绪就会产生。如何长期保持学员的写作热情呢？笔者认为平台搭建和推荐发表是两个非常有效的途径。

所谓平台搭建就是在大学各级单位中建立以宣传干事为指导，以学员为主体的,承担本单位日常宣传任务的新闻中心。通过这种组织形式,培养学员职业归属感,以分配任务代替布置作业,群策群力,共同提高。

所谓推荐发表,就是在写作能力培养初期注重对学员优秀作品的挖掘和再修改,并推荐其在军网、校报等学员们日常接触的媒体上发表,保持学员高昂的新闻写作热情。

随着近年来互联网技术的发展,网络新闻写作因其发表门槛低、受众面大、互动性强等特性而深受年轻人们的喜爱。军校学员因其职业的特殊性和军队保密工作需求,日常接触互联网的机会不多。但随着近年来军队信息化建设的推进,特别是各级政工网的建立和完善,给学员们的新闻写作能力培养也提供了一个广阔的平台。学员们在学习训练之余登录军网浏览部队新闻、发表作品,在论坛里交流新闻写作心得已经成为常态。理工科军校应该大力借鉴军网这一平台,充分利用其传播性强、受众面大等特点培养学员新闻写作能力,促进学员能力素质的全面发展。

寻找讲述的艺术

谈谈如何避免"新闻腔"

"四多"让新闻语言更加生动形象

绘制新闻写作的五线谱

新闻叙事中的素材安排

新闻叙事的视角选择

新闻叙事中的"你·我·他"

讲故事,从头开始

故事可以这样讲起

新闻叙事的小小说技巧

谈谈如何避免"新闻腔"

新闻写作的初学者，往往都是从模仿起步。一字一句，一言一段，在模仿中渐渐懂得新闻的类型和体裁，了解新闻的结构和语言。笔者所在单位的学员基本上都是以此番经历热爱上新闻报道这项事业的。

时间久了，在学员的稿件中常会看到这样的语句："大家纷纷表示……"、"×××感慨道"、"深受官兵欢迎，好评如潮"……这些语句见多了，难免会让受众生疑："真的是这样吗？"这种语言的确让人感到不舒服，原因在其夸夸其谈、装腔作势，不够平易近人，远离了受众的生活和实际。这就是我们常说的"新闻腔"。

这种现象的出现是作者混淆了"新闻语言"与"新闻腔"的概念。新闻语言不是材料语言，需要有板有眼、规规矩矩；也不是文学语言，创造比现实更高、更集中、更强烈的艺术感；更不是科技语言，用抽象概括具体，用专业性较强的术语进行表述。新闻语言以"准确、清晰、生动"为基本特征，一是一，二是二，实事求是。现在，有些作者一写起新闻就是"在……指导下"、"在……基础上"的官腔架势，难怪受众不喜欢。新闻记者是语言工作者，要在信息传播中确保语言的"准确、清晰、生动"，就应避免打官腔，在新闻写作时"不说假话，少说套话，尽量不说空话"。

不说假话，这是由新闻的真实性原则决定的。新闻的本源是事实，只有先有事实，才会有新闻。所以，新闻要原原本本地反映事实，维系新闻的生命线。

新闻失实是党的新闻事业的大敌，我们在坚持"不说假话"上曾有过深刻的教训。1947年，中共中央召开全国土地会议，进一步制定了《中国土地法大纲》，在解放区全面开展土改运动。但在宣传报道中，有的报纸报道地主主动献地，受到政府表扬、群众感激，出现了一些凭空捏造的英雄模范，犯了右倾错误，损害了人民新闻事业的形象，致使广大人民群众对报纸产生了不信任的态度。对此，《晋绥日报》首先认识错误并予以纠正，发起了反"客里空"运动，纠正了新闻报道失实的现象，提高了新闻工作者的政治素质。

新闻报道不能脱离群众，毛泽东曾指出："我们党所进行的一切宣传工作，都应当是生动的，鲜明的，尖锐的，毫不吞吞吐吐。"否则，就失去了群众的信任，不能使党的路线、方针、政策准确迅速地与群众见面，割裂了党和群众的联系。

"假话"不能讲，为什么"套话"可以少说？"套话"也可称为"行话"，各行各业都有自己的行业特点，记者在采写新闻过程中为将事实描述得科学严谨，需要采用规范的行业用语。但这种"采用"不是生搬硬套，要用新闻语言进行恰当而浅显的解释说明，以便让"行外"的受众也能明白是怎么一回事。

《科技日报》2011年5月12日刊登了一篇报道《科学家首次观察到分子层面的多普勒效应》。看到标题，读者最想知道的就是"何为多普勒效应"？文中写道：

> 多普勒效应也被称为'平移'效应：当物体以直线运动时，它发出的

光或声波频率会发生改变。即朝观察者移动时接收频率变高,远离观察者移动时接收频率变低……。

"移动"、"频率"、"变高"、"变低"……即使读到这里,读者还是会被一大堆专业术语绕得"云里雾里",不知所言。但聪明的记者随后举了一个例子拨开了读者的"云雾":

火车高速接近时的鸣笛声,听起来会比火车远离时要尖锐一些。

经过这样解释,"多普勒效应"就能被普通人所理解了。毕竟,绝大部分受众还是有乘坐火车或者在月台感受火车一"啸"而过的经历的。

"假话"不讲,"套话"少说,"空话"也要尽量不说。现实中,有些媒体的确没有辨清"新闻"与"宣传"的关系,常以"宣传"取代"新闻"。我们知道,新闻是新近发生事实的报道,它的基本职能是告诉受众所需的信息。而宣传告诉人们的是一种理念,它需要经过反复的传播让人们去接受。在这个"反复"的过程中,理论、方针、政策、立场、态度等难免会在受众眼前"晃来晃去",以致让受众感到空洞乏味、虚无缥缈。

要改变这一点,就应找好"新闻"与"宣传"的结合点,尽量不说空话。毛泽东曾为延安的《解放日报》题词:"深入群众,不尚空谈。"其针对的就是文风脱离实际、脱离群众的问题。1942年,全党开始整风,《解放日报》走在了新闻界整风改革的最前面,进行全新改版,将原先的一、二版国际新闻版改为一版主要反映各抗日根据地的要闻版和二版的陕甘宁边区版,将原来的国际宣传为主变为以抗日根据地新闻报道为首,将农民创造变工队的事迹等登上了头版头条,在文风联系实际、联系群众方面迈进了一大步,增强了文章的可读性,扩大了党的路线、方针、政策传播的影响力。

可见,尽量不说空话就需要新闻工作者能够在保证舆论导向正确的前提下,按照新闻本身的规律办事,让新闻报道更贴近群众,更贴近生活,更贴近实际。

避免"新闻腔",看起来简单,做起来不易。用最准确、最清晰、最生动的语言去描述一件事、说明一个理,没有真功夫还真不行。所以,新闻写作的初学者要坚持在新闻语言素养上下工夫,坚持不懈,才能有所收获。

"四多"让新闻语言更加生动形象

2011年春季学期,笔者所在单位的一个学院举行体育运动会。为宣传报道,许多报道员写来反映运动会现场的稿件。文章虽不少,但真正引起笔者兴趣的却不多,原本一个充满动感的活动,在学员笔下略显中规中矩。究其原因,还是新闻语言上没有打动人。

如何将新闻语言写得生动形象有特色,这是一个老生常谈的话题,也是一个常谈常新的话题。总结起来,可以从四方面对语言的生动形象有特色做文章——多用动词,多用短句,多用细节,多用形象化语言。

1. 多用动词

动词是所有词汇当中最富生命力的词语,现场还原感强。我们常用"跃然纸上"形容文字的优美和具有活力,动词是最能体现这一特征的,清代诗人袁枚所言:"一切诗文,总须字立在纸上,不可字卧纸上。人活则立,人死则卧,用笔亦然。"正是此意。

2008年9月25日,"神舟七号"飞船发射升空。新华社记者在报道发射的情景时写道:

火箭底部喷出的几千摄氏度高温的烈焰,在几秒钟内就将导流槽中数百吨水变为蒸汽。烈焰与蒸汽被压迫着从左右两侧的槽口喷薄而出,随即如同巨大的蘑菇云腾空而起。高达数十米的烈焰,一刹那将整个戈壁辉映得如同白昼。

这一段中,"喷出"、"压迫"、"喷薄而出"、"腾空而起"、"辉映"一连串动词一气呵成,紧扣心弦。这样一描写,即使没到现场的读者也如临其境,感同身受。

可见,稿件与动词的关系犹如树枝与树叶。多用动词,人物才会鲜明丰满,事物才会栩栩如生,树枝也不会因无叶光秃缺乏美感。

2. 多用短句

新闻语言要简练,新闻报道要有节奏感,句式就不能太长。句式过长会造成语句的逻辑混乱和病句的出现。曾有一个报道员在稿件中写过这样一句话:

在学员旅×队荣誉室里因抢救西藏昌都发生泥石流灾害中部队电台、密码本而牺牲的烈士王×成长档案成为学员政治教育的好教材。

这56个字真是把读者绕晕了。这句话其实讲了三层含义:一是,王×是因在西藏昌都泥石流灾害中抢救部队的电台和密码本而牺牲的;二是,学员旅×队荣誉室里陈列着王×烈士的成长档案;三是,这份成长档案已经成为学员队开展政治教育工作的好教材。一个长句子不但没把事情说清楚,反而成了病句。可见,句子越长可读性越弱。

而短句结构简单,表意明确,节奏感强,读起来就会朗朗上口,更不易出现病句。这一点,古人给我们留下了一笔财富。如范仲淹的《岳阳楼记》,"春和景明,波澜不惊,上下天光,一碧万顷;沙鸥翔集,锦鳞游泳,岸芷汀兰,郁郁青青。"这种自然之美正是通过短句表现出来的。

我们在报道一些行文紧凑的新闻内容时,可以多借鉴短句的表达形式。2011年5月20日,《人民日报》"军事周刊"版刊登一篇题为《"定海神针"是这样造就的》的通讯,文中在写到我潜艇遭遇对手跟踪时就采用了短句的表达形式：

>小心,再小心;隐蔽,再隐蔽。数天后,还是没能逃脱先进的反潜设备狗鼻子一样灵敏的嗅觉。
>
>空中、水面、水下,对手全方位出击,紧紧咬住我潜艇不放。一时间,海底危机四伏。
>
>……

每一段都包含独立的新闻事实,简洁明快,逻辑性强。

3. 多用细节

文字与图像相比,缺乏直观性和具体化。因此,文字就需要用更多的细节去支撑,增加新闻的信息量,以此告诉受众确切的信息,消除大家的不确定性。在学员的稿件中笔者常会见到诸如"效果明显"、"成效显著"这样的修饰性词语。而事实上,每个人对"明显"、"显著"的理解是各不相同的。这种词语的抽象程度越高,大家对新闻事实的认识差别就越大。

我国新闻通讯的奠基人黄远生在采写新闻时,特别注重抓住具体的场景细节进行描绘。他曾写过一篇题为《外交部之厨子》的文章,说的是一个自前清到民国的外交部余姓厨子花钱买了个"花翎二品衔"。有一次,外交部的长官汪大燮在赴贺庆王宴会时,刚进门则:

>遥见厨子方辉煌翎顶与众客跄济一堂,愕然不能举步,厨子见汪大人来,则亦面发赧而口嗫嚅。

通过这样细节的刻画,汪大燮的诧异和余厨子的窘态就跃然纸上了。我们在报道中也应多注意把握新闻细节的展示。

《解放军报》2010年10月24日头版头条报道《为了羌塘的安宁》开篇有这样一段描写:

天苍地阔,一碧千里。五彩斑斓的牧民帐篷,珍珠一样散落在牧场上。牦牛和羊群在安静地吃草,玛尼堆、经幡、古塔随处可见……走进羌塘,人们惊叹它的雄浑壮阔,更赞美它的宁静安详。

从这一段描写中我们可以感受到,羌塘是美丽的。美在哪里?美在帐篷,美在牦牛和羊群,美在玛尼堆、经幡和古塔。把"美丽"这个空泛的词具体为新闻事实,通过细节使整个场景又呈现在受众眼前,增强了文章的可读性。

4. 多用形象化语言

在某些报道中,尤其是在科技新闻和经济新闻报道中,我们常会使用一些术语和数字突出新闻事实的真实准确,但这种公式化和数字化的描述并不利于受众理解消化,这时就可以借助形象化的语言将新闻事实延展铺平,变成通俗易懂的新闻语言。

2011年5月12日,新华社编发了纪念抗击汶川特大地震三周年的纪实通讯《在洒满阳光和爱的大地上》。文中讲到,为保证灾后重建红砖的需求量,成都军区根据党中央的指示和中央军委的命令,先后抽调3 700多台运输车辆昼夜兼程全力抢运建材,"行驶总里程2 646万多公里"。2 646万是个什么概念?太抽象了,受众一般无法掌握。但记者紧跟写道:"相当于绕地球660多圈。"这样给人的印象就很明朗了,受众一下子就知道了这个事实的分量。

除以上"四多"外,一篇报道中如果能交替使用记叙、描写、引语等多种表现手法,文章的生动形象感也会很强。

绘制新闻写作的五线谱
——新闻叙事的频率与节奏

什么样的新闻好看,什么样的新闻耐看?这是学员经常问笔者的问题。其实,不仅是新闻写作的初学者,即使是长期从事新闻工作的人也会时不时有这样的疑问。从受众心理学的角度分析,大家所思考的就是新闻怎样报道才会为人所关注。

受众对新闻的阅读需求是与新闻的出现频率成反比的。当对某一事件的报道第一次出现时,受众对它的需求是百分之百,但如果对这一事件的报道反复出现,受众对它的渴求度就会越来越低。所以,这就是为什么记者在采访时总会去寻找不寻常的事件,或者是在寻常事件中挖掘不寻常之处的原因。

而要最大程度展示新闻的"新",就要像绘制五线谱一样,首先学会控制新闻叙事的频率与节奏。

这里所提及的"频率"是指对新闻事实报道的次数,有一次性的,有重复性的,也有不完全性报道的。

一次性报道看似简单,其实很复杂。因为要想让受众在独一次的报道中对经常发生的新闻事实重新获得新鲜感,就必须将此事在叙事时进行低频处理。换句话讲,就是要让受众感到这件事是陌生的。

例如,各单位每到年底都会召开总结表彰大会,对受众而言这类报道已是习以为常的事了。这时如果重塑事件的陌生感就可以让受众获得新的信息。《解放军报》2011年1月11日刊登了一篇题为《一对孪生兄弟 两个优秀士兵》的图片新闻,说的是在新疆军区某汽车部队2010年年终总结大会上,该部的一对孪生兄弟双双被评为优秀士兵,而他们在当年年初新兵下连时就约定年底要在光荣榜上见。一次常规的年终总结表彰却因一对兄弟而显得与以往有所不同,这就是记者通过追求事件的陌生感来提高新闻价值的方法。

这类报道方式其实在我们日常接触的新闻中并不罕见,如每次奥运会的第一个比赛日大家都很关注射击赛场,因为这里常常是首金的诞生地。而如果仅仅是一场普通的射击比赛,大家还会这么关注吗?答案是显而易见的,原因就在于这枚金牌是在特殊条件下(全球都很关注的重大体育赛事)产生的。可见,用第一次或者最后一次的眼光来看待经常性事物,可以收到意想不到的报道效果。

而重复性报道很好理解,我们常见的连续报道和深度报道都属于这一类。如对于突发性事件,媒体都喜欢采用热点追踪的方式报道。2011年7月6日南京发生一起抢劫案,一家单位的会计和同事才从银行提取50万元出门后,便当街遭遇"摩抢"。这一幕正巧被一名出租车女司机撞见,她随即驾车带着被抢者一路追赶,两名抢劫者眼看就被追上,情急之下扔下巨款逃走,50万现金分文未少。随后两名歹徒被公安机关抓获。

《扬子晚报》以"南京7·6抢夺案告破"为主题连续三天对此事件进行了报道。事发第一天,该报以《会计取50万出银行后遭抢》为题重现了整个事件的来龙去脉。第二天的报道则改为构建神秘的故事情节,以《"无间道"护送取款人的竟是"内鬼"》为题揭示了案发原因,提供了新闻故事的延续性。

第三天又以《"内鬼"×××打工用的是化名》进一步拓展新闻细节,归纳深层次原因。

所以,重复性报道也能在提高叙事频率的同时增加了信息的纵深感。

而不完全性报道是指新闻事件只起了个头,或只说了一半就转向其他叙事,给受众留下悬念,激发起好奇感。这种叙事方式常见于标题和导语,如《我们怎么误读了教育》(《光明日报》2011年6月28日)。

当然,叙事频率只是影响受众阅读需求的一个因素,我们还应在行文间把握好叙事节奏,以达到吸引人的传播效果。

新闻要好看需要有较强的节奏感,而这种节奏不是匀速的,而是通过延缓和加快来控制叙事张力,增强文章的感染力。大体来讲,有两种方式:

一是控制语句。

笔者曾在《"四多"让新闻语言更加生动形象》一文中提到,要想增强文章的节奏感,可以在写作中多用短句。可见,通过控制句子的长度可以改变叙事节奏。我国杰出的国际评论家蒋元椿20世纪八十年代出访德国后,撰写了一篇题为《柏林印象》的通讯。开篇写道:

> 勃兰登堡门顶上那几匹铜绿斑驳的奔马,仍然拉着战车作出向前疾驰的姿态,使人回想起当年普鲁士王朝的拓殖精神。它的白色大理石圆柱上经过填补的累累弹痕,告诉人们这座建成将两百年的建筑经历过多少沧桑。如果它能说话,它无疑将倾诉德意志帝国的盛衰史,好让人们从中吸取应有的教训。

文章用长句一开始就将节奏控制下来,让受众感觉如微风拂面,情绪得到充分酝酿,读后感到耳目一新。

除控制句子的长度外,加入直接引语也可以改变叙事节奏。

穆青与陆拂为合写的《一篇没有写完的报道》在表现主人公——植树老

人潘从正看见"几个自称'造反战士'的人挑着旗子闯进苗圃,动手就拔树苗"时,这个"平常行动迟缓的老汉"突然像雄狮敏捷地窜出来,拦住他们怒吼:"树苗犯啥错误了?你们要造反!"这意料之外的突兀语言使平缓的叙事骤然产生变化,使受众精神为之一振。

二是插入事件。

指暂时中断原来的叙事流程,插入其他材料改变叙事节奏。插入的材料既可是具体的,也可是概括的。插入细节,可以增强叙事密度,延缓叙事节奏,吸引受众的注意力;而插入宏观材料,能够迅速交代前因后果,引出下文,加速叙事节奏。杭州《都市快报》2008年10月2日的文章《这是怎么一回事?》,讲述的是杭金衢高速公路新岭隧道里安装了4个监控报警器,以唤醒疲劳驾驶的司机,避免交通事故。文中在讲到报警器工作的时间段后插入了一段背景资料,介绍新西兰也有类似的防止司机开车时打瞌睡的监控警报器。插入此段的目的是加速新闻的叙事节奏,引出对报警器功能的揭示,告诉受众确实有效。

当然,如果能将细节与宏观材料交替插入在文章中,就可以张弛有度地控制叙事节奏,提高受众的阅读兴趣。

不过,采取什么样的叙事频率和节奏是由叙事内容决定的,只有以恰当的频率和节奏表达新闻才能吸引受众的眼球,才会让新闻好看耐看。

新闻叙事中的素材安排

一名报道员采写了一篇有关女学员参加军事体能训练的文章送予笔者指导,想通过此文反映女学员不畏艰苦的精神品质和爱军精武的精神面貌。文章不算长,千八百字,作者将整篇文章分了五个部分,每一部分都记叙了一件事情。读过此文,笔者发现,作者的选材是丰富的,文章中不仅有训练场上的故事,还有女学员在平时生活中的点点滴滴。但文章整体感觉像是在记流水账,不是新闻通讯,倒似体会日记。文中的素材在作者笔下仿佛是开闸后的洪水,一下子涌进读者眼中,虽丰富但记忆却不深刻。

报道员告诉笔者,她在采访时感到每件事实都很精彩,所以在写作中也就逐一道来,不愿舍弃任何一个故事,也不知道该怎样取舍。当然,这样的困惑不是个别的。在面对一堆有价值的新闻事实时,应该如何选择和安排?这或许是每名新闻工作者都会不时考虑的问题。

其实,新闻叙事的过程首先是一个挑选事实、组织事实和描述事实的过程。因为新闻叙事是一系列新闻事件的流变过程。在这个流变过程中必然存在着事件的主次之分、轻重之分和缓急之分,而事件与事件之间也存在着横向与纵向的联系。所以在写作中,作者要根据事件的不同地位和性质进行有区别地处理。

笔者在读书期间,教授新闻写作的老师很形象地将新闻事件分为"核心事件"和"卫星事件"两类。这就是根据事件的地位和性质不同来划分的。

顾名思义,"核心事件"是整个新闻叙事的关键点或转折点,对整个新闻叙事的发展起决定性的作用,而"卫星事件"是围绕着核心事件起作用的。"核心事件"事关全局,没有核心事件就构不成新闻文本,但问题是如何在写作中潜移默化、细致入微地将核心事件表达出来。

《解放军报》2010年11月10日刊发的《丹心兵情》是关于解放军211医院院长贾丹兵的典型报道。作者在新闻素材的整合和选取上可谓颇费一番脑筋。在第一部分《一名怠慢士兵的医生转业了》中,作者叙述了三件事情:战士张兵在院就医受到怠慢,贾丹兵到病房看望张兵,责任医生年底转业;贾丹兵带医护人员到黑龙江边防巡诊;医院不惜一切代价抢救战士侯军。

在这些素材中,就事件发生的先后顺序来看,到边防巡诊最早发生,但作者在叙事时刻意先写张兵受到怠慢的故事,而后又将到边防巡诊的事情穿插在贾丹兵去病房看望张兵、责任医生年底转业之前。作者这样安排正是巧妙地发挥了"卫星事件"的"催化剂"作用:贾丹兵触景生情,打开记忆之门,自然引出巡诊一幕。这时读者的胃口被吊起,在矛盾的张力下受到牵引,急于阅读下文。叙事在这里埋下伏笔,后面到病房看望张兵、责任医生年底转业的核心事件水到渠成地呈现在读者面前。

这一部分中的"张兵事件"是作者叙述的"核心事件",事关全局,没有它就反映不出贾丹兵的爱兵情。所以,这一事件是文章的关键点。但文章如果仅有核心事件就会显得单薄苍白,"卫星事件"在审美价值上往往会超过"核心事件",它不仅能提供新闻背景,填充核心,还会增加文章的趣味性和可读性,体现出新闻"用事实说话"的价值取向。

那么,该如何处理"核心事件"与"卫星事件"的关系呢?

首先,要以新闻细节呈现核心事件。

细节可以使新闻对象形象生动,使之立体化,增强现场感和节奏感。新闻作品能够吸引人,形象化是最关键的。细节通过重构新闻事实激发读者的阅读兴趣,调动读者的心理补偿功能,充分发挥联想功能,使其获得更多的信息,以此更好烘托核心事件。

例如《中国教育报》2012年3月21日刊发的《河海大学激活学生创意火花》,文章记叙的"核心事件"是,在河海大学创新发明已成为一种风气。为表现这一核心,作者在写作时选取了这样一个细节事实:该校的一名文科生参加第二届全国大学生水利创新设计大赛获特等奖。文科生参加工科创新竞赛获大奖,这一细节有力支撑了该校创新发明成为风气的主题。

其次,要以新闻背景支撑核心事件。

新闻背景展现新闻事实的来龙去脉,为"核心事件"提供广泛的知性支撑,有助于读者更好地理解新闻事实。从这一角度来讲,新闻背景是"核心事件"的深层次缘由,是"核心事件"演变的依据。所以,在写作中,适当选取新闻背景素材可以为"核心事件"添加丰富的知性色彩。

如前文中所提到的贾丹兵去黑龙江边防巡诊的事件对整篇稿件来讲即为新闻背景素材,对"核心事件"起到衬托、对比的作用。当然,在写作中,新闻背景材料的穿插要灵活,避免呆板,力求生动活泼。

我们再回到本文开篇提到的女学员参加军事体能训练的稿子,如果作者将女学员在场上场下的故事做一下区分整理,有选择性地将素材组织安排在稿件中,这样自然会使文章呈现更丰满的表现形式。

新闻叙事的视角选择

新闻叙事的视角是记者将新闻事实转化为文本呈现在受众面前的基本方法,也是受众认知事实的基本方式。面对一个新闻事件,记者选择从某一个视角出发对其进行描述,而这个"视角"的选择就限制了受众的认知范围。所以,对新闻写作者而言,新闻叙事的视角既是讲述新闻的立足点,也是重现新闻的归宿点。

叙事视角一般分为全知视角、限制视角、客观视角三种,每种视角都有其独特的叙事特征。

全知视角是一种不限定感知和叙事身份的视点类型,叙事者在讲述事实时上知天文下知地理,超越时空任意转移,没有看不到、听不到、感受不到的。因此,全知视角也称为"无焦点叙事"。

无焦点叙事的好处在于叙事灵活自由,无规定视角。从广度上来讲,全知视角可以跨越历史和地理维度,具有延展时空的功能;从深度上来看,全知视角还具有深入人物内心,直接加入叙事者主观情绪的功能。当然,这也就从一个侧面显现出全知视角的缺点,重构事实的虚拟性及主观性过强,事实的真实感弱化。

而全知视角在报道具有重大意义和深远影响的事件时,可以进行全方位、立体式的描述。一是通过重现历史强调事件的意义,另一方面也可以加入叙事者的主观评论和情感抒发深化主题。

1997年香港回归,7月1日《人民日报》发表题为《举世聚焦的一瞬》的通讯。为全景式展现这一重大历史事件,记者采用全知视角进行叙述:

......

23时56分,中英双方护旗队进场。23时59分,随着英国国歌的旋律,那面蓝底米字旗和英国统治下绘有皇冠狮子、米字图案的港旗缓缓垂落,在场的英国官员肃立。

米字旗降落了。一段被鸦片和炮火熏黑的历史永远完结了!

......

中华人民共和国国歌奏响,鲜艳的五星红旗冉冉升起。国旗之畔,香港特别行政区区旗,同时徐徐升起,犹如紫荆花开,迎风怒放。

0时3分,江泽民主席走上讲台,以洪亮的声音庄严宣告:"中华人民共和国香港特别行政区正式成立"。这是中华民族的盛事,也是世界和平与正义事业的胜利。

江泽民主席的讲话,6次被热烈的掌声打断。讲话结束时,场内响起暴风雨般的掌声。这掌声,与南京静海寺的钟声遥相呼应,与北京天安门广场10万群众的欢呼汇作中华民族的强劲声音!积淀在国人心底的期待和激情像熔岩一样迸发。

......

0时9分,交接仪式结束。钱其琛外长礼送查尔斯王子一行走出大厅主入口处。查尔斯王子及刚刚去职的香港最后一任总督彭定康,乘"不列颠尼亚"号皇家游轮在茫茫夜色中离开,起锚处正巧是154年前第一任港督璞鼎查登陆的地点。

百年一瞬，沧桑巨变。当年，列强瓜分，骨肉离散；如今，金瓯补缺，同胞团聚。这是何等悲怆而又何等壮丽的史诗！

文章叙事不受视域限制，既描绘出交接仪式的情景，又洞察到"沉淀在国人心底的期待和激情"。米字旗的降落，将"鸦片和炮火熏黑的历史"永远抛进了太平洋。江泽民主席讲话后，会场内响起的掌声穿越华夏大地，与"静海寺的钟声遥相呼应"，与"天安门广场十万群众的欢呼汇作中华民族的强劲声音"。而与"静海寺的钟声遥相呼应"从另一个角度来看，是作者将叙事视点带回到了历史阴霾中那不堪回首的一刻，那时的钟声是悲凉、愤怒、哀号交织在一起的复杂情感。文章最后带有抒情的议论升华全文主题，强调了事件的重大历史意义。从全篇来看，记者采用全知视角综合叙述了交接仪式现场的情景以及国人对香港回归的强烈反响。

全知视角常用于深度报道、解释性新闻和特稿写作中。叙事者和事实既保持了一定的距离，同时又可以随意进入到事件中，这就为叙事者客观精准地分析事实提供了极大的空间。概括而言，在这种视角的叙事中，叙事者既可以是当事人也可以是旁观者，无论从哪个角度看事实都可以纵横捭阖，全方位还原事实真相。

与全知视角相比，限制视角在叙事中要受到叙事者视域的限制。叙事者只能讲述自己看到的、听到的、感受到的和想到的，不能去叙述别人的所见、所闻、所感、所想，更不能以自己的主观臆想，揣测他人的内心世界。这种内焦点的叙事方式大多在文中以记者视角和当事人视角体现。

记者视角一般以"记者看到"、"记者注意到"、"据记者了解"等方式介入文本，向受众介绍事实的前因后果。当然，记者视角也会采用第一人称"我（们）"来叙事，这也是指记者本人。只不过，用"记者"代替"我（们）"更为客观，表达的是第一人称的叙事内容，给人感觉却像第三人称冷静准确。

如《解放军报》2002年10月15日刊发的《握手,贝伦塔》开篇写道:

> 里斯本7月的灿烂阳光下,特茹河水蓝得耀眼,站在奥甘得拉码头,听身旁葡萄牙海军军乐队大奏迎宾曲,伴着旅葡华人热闹的锣鼓秧歌,眺望进入大西洋口的里斯本城徽贝伦塔和大发现纪念碑,感觉正身在一幅美丽隽永的画中。这画的点睛之笔是贝伦塔。当中国海军现代化导弹驱逐舰青岛舰在画中出现,缓缓驶过贝伦塔,作为身临其境的中国军队记者,心里不能不波涛汹涌。

记者以亲历者的角度讲述自己的所见所闻所感,真实而亲切,在读者脑海中还原现场,增强了文章的吸引力和可读性。

当事人视角是我们在新闻写作中常用的一种限制视角,它从新闻事件的当事人角度出发叙述事实。这种叙事的局限性在于,当事人是具体的个体,他的叙事微观而更具细节,不利于受众从宏观上把握新闻事实的来龙去脉。所以,在采用这种叙事方式时,一般都会以全知视角或记者视角交代事实的全貌,然后再以当事人视角详细叙述事件经过以及事件对他自己的影响。

相对于全知视角和限制视角而言,客观视角显得更为简单。在这种视角中,叙事者更像是一台摄像机,纯客观地记录事实,不加解释和议论,不加任何情绪与主观感受,有时甚至在文中不出现"记者"、"我(们)"等称谓。这种视角常见于动态消息,如:

> 5月11日至12日,由共青团中央青运史工作指导委员会、共青团中央宣传部、中国青少年研究中心联合举办的纪念中国共青团成立90周年理论研讨会在北京举行。团中央书记处第一书记陆昊出席会议并讲话。

这种外焦点叙事方式仅仅是告诉了受众一个新闻事实,没有描写、议论和抒情，更没有场景描写。

客观视角也用于报道无结论或暂未有结论的新闻事实，更能突显报道的客观与公正。需要指出的是，用客观视角报道新闻并不等于客观报道，客观视角是新闻叙事的一种方式，而客观报道是新闻报道的基本要求，这是两个不同范畴的概念，采用全知视角和限制视角一样可以进行客观报道。

新闻叙事中的"你·我·他"

——人称在新闻叙事中的特殊作用

每一篇新闻文本中都存有一个"叙事者",或许是"你",或许是"我",也可能是"他"。但无论是谁,这个"叙事者"都是新闻故事中的一个人物,控制着整个新闻故事的进程,指引着受众去感知、体会细节。当然,这其中,"叙事者"既可以参与情节的发展,也可以置身于情节之外。这种不同的身份定位,决定着不同的叙事范围和不同的阅读效果。

其实,在新闻叙事中,作者必然是要创造一个"叙事者"形象的,通过这个"叙事者"展开的叙述,才能将新闻故事的内容放大呈现。故事的走向完全取决于"叙事者"对叙事的控制和设计,这当中还掺杂着"叙事者"对受众的交流、干预、说明等。

而"叙事者"在文本中的身份是否公开则决定了他是否参与故事情节的发展。在这里,笔者仅就参与情节发展这一方面与读者探讨交流不同人称在新闻文本中的特殊作用。

叙事者参与情节发展无外乎使用"你、我、他"三种叙事人称。我们先来看看第一人称"我"。

在文本中,"我(们)"既可以是新闻事件的当事人,也可以是新闻事件的旁观者(包括记者),所叙述的内容都是"我"的所见、所闻、所想、所感。以第一人称叙事往往会让读者产生一种感觉:刚接触文本时,明明知道"我"仅是文本中的一个人物,但随着阅读的深入,读者和"我"渐渐融为一体,将自己完全沉浸在"我"中。这种感觉正是第一人称叙事的魅力所在,具有强烈的真实感和感染力。

《解放军报》2010年10月20日刊发的《母亲的心》一文,通过第一人称的形式,用一个母亲的视角对自己的儿子进行了报道。文章用"我"叙述,整个新闻人物就有了新的展示角度。母亲自述儿子的成长经历拉近了与读者间的距离,无论成长的过程多曲折,也会让读者感受到一名军人作为普通人的一面。而这种第一人称的叙述同样让读者在潜移默化中被字里行间的浓浓亲情所打动,从而使作品的主题升华,以情取胜。

第一人称常常用于亲历式报道和体验式报道之中,而这时的"我"往往是记者本人。记者以第一人称身份参与到情节中来,与作品中的其他人物及读者进行情感和语言的直接交流,实现心灵的直接对话与碰撞。

意大利著名记者法拉奇总是以第一人称的亲历式报道完成作品,在许多重大事件报道中,法拉奇既是事件的亲历者也是事件的讲述者,她的作品就是事件当事人与读者的面对面交流。1968年9月,墨西哥举办奥运会期间,法拉奇亲历了一次大规模的学生反政府运动。在军方对示威活动的镇压中,法拉奇身受重伤,她在《奥丽亚娜·法拉奇报道:血洗之夜我不幸受伤》中讲述道:

> 子弹在我们头上呼啸。我听到人们在呼喊……我左边那个人受了伤……一颗子弹打穿了水管,水向我们喷射过来,我们……浸泡在被血染红的水里。

这样的叙述现场感十足,引人入胜,说服力强。

在第一人称的叙事中,"我"既是当事人,也是叙事者。二者身份的合一必然会在写作中融入更多作者的个人主观思维。因此,以第一人称叙事要注意拓展时空的限制,保持叙事距离,避免对客观事实的主观干预。

说完"我",我们再来看看"他"。为什么要先弃"你",而言"他"?因为在新闻本文的叙事中,第三人称通常是伴随第一人称出现的。

> 车换生将拉板车的绳套在肩上,双手捧到嘴前,在手心狠狠地啐了口唾沫,"啊"的一声压下车把,把 2 500 多斤的药材使劲往前拉。在三公里外的市场卸完货,他拿到两块钱。很快,人们都围过来看,车换生把皱巴巴的两块钱不断地从口袋里掏出来再装进去,装进去再掏出来。围上来的人里,有的已经守了十天没揽到活儿了。

这是《中国青年报》2012 年 1 月 11 日刊发的特稿《镜头里装下十四家的十年》。从开篇的这段描述中,我们看到了"他",但"他"并不是文本的叙事者,而是被叙述者。因此,如果想让"他"在文本中有话语权,这就要用到我们经常会在文本中见到的直接引语,这同样也印证了语言是塑造新闻人物形象的重要手段之一。

第三人称是一种全知视角的叙事模式,它不受时空的限制,在表达上最为灵活。站在不同的角度从多方面刻画人物、反映事件,从而可以使人物性格更鲜明,事件展现更细腻。同时,利用其跨时空的优越性可以制造悬念,在叙事的回旋中丰富表现手法。

当然,第三人称叙事也有缺陷,因为在叙事中始终保持着当事人与读者的距离,自然会失去作品的亲近感与自然感,削弱了文本的感染力。而这恰恰就是第三人称与第一人称相伴出现的重要原因。二者的互补让表现手段更丰富,也更富于变化。

但是,即使是由第一人称和第三人称共同构建起来的叙事系统也同样存在着缺陷。以它们为人称进行叙事的文本，在引发读者思考和引导读者进行心理补偿等方面还远远不及第二人称。

当然，第二人称在新闻叙事中的使用一直以来都是存在争议的。

新华社北京 6 月 21 日电 安息吧，华罗庚教授，党和国家领导人及首都各界五百多名人士今天——1985 年 6 月 21 日上午在八宝山革命公墓礼堂为您举行骨灰安放仪式。

这是 1985 年新华社记者李尚志和何平合作采写的消息《华罗庚骨灰安放仪式在京举行》的导语。这是一篇全篇都用第二人称形式采写的消息，因为事件本身的影响力较大，所以在消息发出后，全国各级各地的媒体都进行采用。而除了内容以外，第二人称的叙事方式更是引起广泛关注。

有人认为用第二人称进行新闻写作是不妥的，不符合新闻客观公正的原则，也有人认为用第二人称写作有故意雕琢的痕迹，破坏了肃穆的气氛。当然，赞成的也有，认为是大胆突破，创新了写作方式。争论后来虽告一段落，但并未有结局。

以第二人称进行叙事的优劣暂且不论，仅从写法创新上来看也并不见得。我们都学习过魏巍的《谁是最可爱的人》，文中的：

朋友们，当你听到这里英雄事迹的时候，你的感想如何呢？你不觉得我们的战士是最可爱的吗？你不以我们的祖国有这样的英雄而自豪吗？

不正是以第二人称来叙述的嘛。

但能否就以此否定第二人称在新闻叙事中的作用？在笔者看来，这也是不妥的。第二人称是一种针对性很强的叙事方式，这种叙事更能引起读者的思考，引起读者对文本深层次的解读。简单而言，这种具有强烈针对性的叙事很容易引发读者的共鸣。如蔡崇达在《审判》中的开篇：

你以为你知道这个故事,其实你知道的只是结局——2011年6月7日,万众期待中,药家鑫被执行死刑。

这样直面读者的写作方式,不得不让读者重新去审视自己固有的印象——到底是谁宣判了药家鑫死刑?是法律、是媒体、是大众,还是药家鑫自己?

可见,以第二人称叙事,言辞看似平淡,却沉淀了一股对新闻事实的思想精神发挥到极致的情感因素。

上述三种人称的叙事方式并非非黑即白,需要我们在实践中不断思考、领悟和掌握。

讲故事，从头开始
——新闻叙事的"开头"写法之一

几乎每一名报道员在与笔者交流如何增强新闻的可读性时，笔者都会反复提到"要学会讲故事"。以笔者之见，只有故事讲好了，叙事才会有穿透力，文章才会有渗透力，新闻也自然才会好看。

然而，每当提及此事，报道员又都会抛出一个在笔者看来可以写一本书的问题——如何讲故事。准确地说，他们的疑问是——如何讲好故事，如何将事实写得好看，吸引受众。

这是一个系统而复杂的过程，要将故事讲好，首先要有一个精彩的开头。在这个信息爆炸的时代，人们都会在有限的时间内无限扩大信息的摄取量。以读报为例，一个读者在翻阅报纸的同时就在用自己的眼睛判断着新闻的价值，所以，如果当他在一条新闻上停留5秒钟还没有发现能够吸引他的信息时，那这条新闻的价值也就不复存在了。因此，在新闻的开头便呈现事实的精彩是抓住受众内心，展现新闻价值的最有力的方法。

什么样的"开头"精彩，什么样的"开头"吸引人？翻翻手头的报纸，再翻翻积累的教学素材，笔者概要归纳几类与读者共享。

1. 场景切入式

已是初春。散漫的阳光在一瞬间收拢，斜斜穿过向西的窗子，洒落在乳白色的家具上,轻轻地抹上一层时光的颜色。

外面是北京城,百十年来换过几多新颜,却从未变过旧样,车水马龙,喧嚣奔腾,在时光的路上年轻荡漾。

可是,人却老了。

21年了。记忆在这里出了错。李世济端坐沙发,像被钟摆拨弄了一下,时间往前跳了一跳。哦,已经21年了。自1991年搬进这里,已经整整21年了。她是没有想到,时间跑得如此迅猛,一下子就到了记忆的前头。

那些决定人生的时刻,慢腾腾地从口中徘徊而出。在时光里漫溯,每一句话都蓄满力量。

她顿了顿,问:回忆往事,是什么感觉?

难受。

——《李世济:傲菊独立向霜天》(《光明日报》2012年3月22日)

分析:

场景切入式是新闻叙事常用的开头写作方式,这种带有抒情意味的写法节奏缓慢,故事性较弱,一般不会在极短的时间内调动起受众的阅读兴趣,但对于控制全篇节奏是非常有效的。

本文开篇以阳光引入,在拟人化的叙述中打开主人公的记忆之门。阳光是时间的隐喻,"难受"二字缓缓拉开故事的序幕,节奏虽慢,但受众情绪已融入全篇。

2. 特征呈现式

贾丹兵被推荐当院长那年才38岁。这是一所部队中心医院,哈尔滨人习惯叫它"211"。推荐贾丹兵的是老院长陶家林。陶家林在该院主政多年,德高望重。他轻易不说话,说出的话没有人不重视。可这次他推荐的贾丹兵,年轻不说,还是个女的。医院不仅要服务保障部队,而且还是个小社会,医院每个科室处处高精尖,责任重如山,这样年轻的女子当主官能行吗?

陶家林说:"行。"

陶家林的"行"当然是有依据的。贾丹兵唱着"红歌"长大,首先有一个好人品;再就是,她绝对属于开拓型干部。

……

"她在211医院长大的,累出一身病,写了7本书,得了15项军内外科技进步奖,发表了150多篇论文和译文,立过两个三等功,三个二等功,一个一等功。她有牺牲精神,有泼辣作风,有超前意识,而且绝不会谋一己之利……她一定能是一名好院长。"

老院长一字一句,掷地有声。

——《丹心兵情》(《解放军报》2010年11月10日)

分析:

她能当院长吗?不行,因为她年轻,还是个女的,让她扛这样的重担大家心里没底。行,因为她有牺牲精神,有泼辣作风,有超前意识,而且绝不会谋一己之利……

无论"行"与"不行",这些都是主人公贾丹兵的人物特征。一开篇就让受众在宏观上了解他们接下来所要认识的人物,而且又是在如此矛盾的特征呈现中来初识人物,不能不说充分吊起了受众的胃口,在这样的叙事张力下,受众的视线已迅速向下扫描。

3. 悬念引入式

1983年6月22日、23日,美国马萨诸塞州的蒙特·荷里亚女子学院降了两天半旗,既不是纪念已故的总统,也不是哀悼什么知名人士,而是沉痛悼念一个中国留学生。

马萨诸塞州的4家报纸,刊登了这个中国留学生的事迹和照片,把她的事迹称为"关于勇气的一课"。

今年5月,这个中国留学生所在的学校,第一次颁发了以她的名字命名的"袁和中美友谊奖金",奖给对中美文化交流有贡献的人。

这个中国留学生究竟做出了什么了不起的事,在异国他乡赢得了这样的尊重,产生了这样的影响?

——《一个普通的灵魂能走多远》(《中国青年报》1984年11月10日)

分析:

不是因为明确写出疑问句才有了悬念。死亡,本是自然界的一种常见现象,也是人类笔下常表达的永恒主题。但袁和的病逝却不那么简单,作为一名中国留学生,她所在的美国学校为她的离去降半旗,以她的名字设立奖金,她的事迹和照片刊登在当地媒体上,她的故事又被称为"关于勇气的一课"。这些平和的叙事让人们不禁发问——这些都是为什么?这个普通的中国人到底做了些什么?开篇的三段叙事为受众制造了最直接的悬念:袁和是谁?要想知道,那就请继续往下看。

4. 开门见山式

吴艳春再也忍耐不下去了,决定杀死那个骗他的人。2月14日,他在东莞厚街汽车站门口找到了舒照岭,把刀插进舒的脖子。

此前,在美和劳务市场,吴艳春被舒照岭以招工名义骗去300块钱,多次上门讨要,吃到两记耳光。

这不是吴艳春第一次被骗。从2006年来到城市之后,他不断地陷入"快速致富"的骗局当中。

梦想一次又一次被击碎,他想逃离城市,但发现,乡村已经回不去了。他曾跟哥哥说,自从第一次被骗之后,村里人看他的眼神都不一样了。

伤痛与恨意在心里层层叠加,吴艳春最终走向绝路。

——《成魔》(《南方人物周刊》2012年11期)

分析：

谋杀,全篇的核心事件。开篇即以核心引入,简单而具体,冷静的描述刻画出残酷的现场,"插进"不禁让人浑身打起寒颤。你还想读下去吗？答案是肯定的。

当然,开门见山的不仅只有谋杀,还有谋杀背后的原因——被骗,更深层的原因——梦想的破灭。吴艳春内心痛与恨的交织都在开篇直接呈现在受众面前。

开门见山是新闻叙事中开头的常见写法,只是在选材时,作者应选择事实中最核心、最吸引人、最能引起受众共鸣的关键点或转折点,深中肯綮,这样才会达到预期效果。

5. 直接引用式

"躲在被窝里我突然想哭了,我不想干坐着享受你们给我的荣誉。"杨艳艳在微博上写道,"我害怕当这事过去,大家又开始抱怨社会冷漠……"

这个辽宁大二女生,因一个多月前勇救被歹徒刺伤的公交司机,被人们赞为"虎妞"。记者回访时发现,这个阳光女孩也有忧虑。

感动与疼痛并存,谴责与反思交织,忧虑与希望同在——这正是2011年中国一系列道德事件勾勒出的复杂图景。时至年末,道德话题再次成为舆论热议的焦点。

——《2011,道德之问》(《新华每日电讯》2011年12月29日)

分析：

杨艳艳的微博让人们看到了"英雄"的另一面，当然，有了这一面才让"英雄"更真实。杨艳艳的忧虑正是全中国人对2011年的反思，对道德的反思。这种反思不禁会让我们扪心自问——如果是我又会怎样？读过开篇，读者发现，道德关乎你我——复杂——但又必须面对。

"快到温州了，大概晚点了半个小时，到福州估计要晚上十点多了。"

7月23日晚8点过，高振华在福州接到妻子的最后一个电话。

——《生死甬温线》(《中国新闻周刊》2011年28期)

分析：

仅一句话，却成了高振华的全部希望。而在这场特大铁路交通事故中，又有多少人在寻找着生的希望。不需要更多的现场描述，读者已经感觉到了死神正在逼近。压抑、心跳、透不过气，毕竟，面对死亡，你我都会心存恐惧。

这样的开篇也同样充满悬念——死神要来了，但他究竟什么时候到？受众的心被揪起，阅读便成了水到渠成的事。

直接引用是笔者在报道员稿件中见到的最常用的一种开篇方式，但使用时应注意"引而不杂，杂而不乱"，否则阅读起来味如嚼蜡、冗长拖沓，不能吸引受众。

以上所举五类是在新闻叙事中可以借鉴的讲好故事开头的方式，但并非唯一，这也是笔者将此文标题注为"之一"之意。

故事可以这样讲起
——新闻叙事的"开头"写法之二

看过笔者的《讲故事,从头开始》一文后,学员都会问笔者这样的问题:"文中所提到的新闻写作的五种开头方式都适合用于叙述什么样的新闻事实呢?"其实,学员有这样的疑问,是想寻找一种解决问题的方法,一种能够快速展开行文、将新闻主题直接呈现在受众面前的写作方法。

当然,有这样的疑问也说明学员非常注重新闻写作的技巧。不过,虽然形式是为内容服务的,但两者并不是一一对应的关系。无论采取何种开头方式,只要有利于新闻材料的取舍,有利于新闻结构的安排,有利于新闻语言的运用,都可以作为这篇新闻的最佳"开头"。

讲故事,要有一个精彩的开头,而"精彩"并不唯一。这关乎作者的语言习惯和思维习惯。不过,只要在最短的时间内能够吸引受众的眼球,能够无限扩大受众的信息摄取量,即可谓"精彩"。笔者试以某一个新闻事实的多篇开头为例,对文本进行技术分析与总结,与读者交流共享。

一

新闻事实:

刘茹,南京军区某雷达仓库高级工程师,优秀大学生干部,扎根部队基层28年,研制"装备保障感知系统",获军队科技进步一等奖。

某地,战役装备保障演练场硝烟弥漫,装备保障感知系统支撑着信息流、能量流、物质流快速流转,改变着传统保障样式。突然,纵深攻击群的装备保障信息从电脑屏幕上消失,装备状态失去"感知"。

"快找刘茹!"战役装备保障指挥所几乎异口同声。

刘茹是谁?

刘茹是一位羸弱温柔的女人,是一位坚韧执著的女军人,是一位用知识助推战斗力生成模式转变的女大学生干部,也是本文主人公——军区某雷达仓库高级工程师。

阳春三月,在刘茹又一个获军队科技进步一等奖的科研成果推广应用之际,记者走近这位献身使命的巾帼科技尖兵,盘点她一路走过的精彩。

——《献身使命的巾帼科技尖兵》(《人民前线》2012年4月21日)

分析:

这是一个以场景切入的开头,以充满现场感的描述带出主人公的身份特征和性格特征:女人——羸弱温柔,军人——坚韧执著。开篇即呈现人物的特征,让受众在宏观上了解了他们即将认识的对象,简洁而明快,提升了叙事的节奏。

四月江南,花团锦簇。在她的窗台上,有一株绽放的红杜鹃,灿若云霞。这株红杜鹃是她从皖东山区某军营带回来的,那里是她放飞理想的地方,那花是她奉献军营的见证。

作为我国恢复高考制度后第一批地方大学生入伍干部,她投笔从戎、扎根基层28年,取得15项军队科技进步奖,其中一等奖2项;被表彰为全国三八红旗手、军区"科技英才",2次荣立二等功。

她，是南京军区某雷达仓库女高级工程师刘茹。

——《根植基层沃土的"红杜鹃"》《解放军报》2012年4月26日

分析：

第一段以描写兼抒情的笔调缓慢拉开叙事的帷幕，一株红杜鹃一语双关，既指鲜花本身，也暗指主人公刘茹本人，灿若云霞既描写出鲜花的绚烂，也烘托出刘茹取得的成绩丰硕。这是一种常规的写作方式，借物抒情，叙事张力渐行渐强，易于受众接受。

铁流滚滚。作战装备一枪一炮、一车一船何处受损、在哪里受损，需要如何保障，"中军帐"内可全程实时精确感知；

兵撒千里，保障一兵一卒、一弹一铆，哪里急需，就往哪里调度……

这种战场保障要素一体联动的全新装备保障方式的实现，得益于一种获军队科技进步一等奖、名叫"装备保障感知系统"的信息化设备的研究成功。这套系统的研制者，是一位优秀大学生干部、南京军区某雷达仓库高级工程师刘茹。

——《"感知"未来战场》《光明日报》2012年4月26日

分析：

装备受损如何精确感知？兵撒千里怎能及时调配？这些已不是难题，它的实现得益于"装备保障感知系统"——一项获得军队科技进步一等奖的信息化设备——研制者刘茹。

开篇以层层推进的方式点出文章的核心人物刘茹，水到渠成、顺理成章的叙事方式将受众逐渐带入故事之中，简单而平稳，此时受众的视线早已迅速下移。

总结：

《献身使命的巾帼科技尖兵》以场景切入，以特征示人；《根植基层沃土的"红杜鹃"》一语双关,指代鲜明,常规写法,易于接受;《"感知"未来战场》层层推进,交流感逐渐增强。每篇开头都各有特色,独具风格。相比较而言,《"感知"未来战场》的开篇更顺畅自然,密集而准确的叙述直达新闻主题,事实更为突出。

二

新闻事实:

刘真茂,复原老军人,坚守狮子口大山护林造林30年,与孤独、误解及人性的贪婪对抗,被网友称为"山神"。

山上的天空蓝得纯粹而干净。

在过去的29年里,刘真茂的身影,每天准时出现在大山崎岖的羊肠小道上。他的身影关乎湘、粤、赣三省交界处35万亩原始阔叶林和7万亩草山的命运和未来。

简陋的瞭望哨,一豆青灯,一个人,一只黄狗。29年,清贫、寂寞、艰险、坚韧的修道式的生活,他是怎么走过来的?深山里那些艰辛的路程谁能丈量?

大山脚下十里八乡的百姓对刘真茂有着令人惊讶的评价,说他是"仙人",是"英雄"。因为一般人放不下的许多东西,他都潇洒淡然地放下了,而他唯独放不下的,是眼前这座大山。

——《守望大山》(《解放军报》2011年12月28日)

分析:

这是一个典型的隐喻式开头。在新闻叙事中,隐喻特指将叙事对象描述得符合美感并在文本中的逻辑里具有象征意义。

蓝得纯粹而干净,象征刘真茂的坚韧与执著;艰辛的路程谁能丈量,象征 29 年来刘真茂遭遇的坎坎坷坷以及面对坎坷所表现出的巨大勇气和毅力。他什么都可以潇洒淡然地放下,"唯独放不下的,是眼前这座大山"。可见,刘真茂早已和这片山林融为一体,林中的一草一木皆为他的生命。这种既指出而又不点明的叙事赋予事实以意见和见解,更具理性思维。

一豆青灯,一个人,一只黄狗。读者在脑海中还原作者笔下的描述,亲切而感动,也印证了刘真茂创造的另一个奇迹——人与大自然和谐相处,人们的精神得到净化。

  湖南省宜章县出了一桩新鲜事。
  长策乡有个青年整天游手好闲,不务正业,村民们叫他"二流子"。一天早上,他往狮子口大山走去……山上的护林员留住了他,两人同吃同住一个星期。这青年人从山上下来,仿佛变了一个人,从此勤劳致富,还在荒山上种下了一片杉树林。
  在宜章县,很多与这个护林员素昧平生的年轻人,慕名前往狮子口大山防火护林瞭望所。他们说:在这里,感受到了一种纯粹——用竭诚奉献赢来幸福的人生。
  这位护林员叫刘真茂,共产党员,复员军人,今年65岁,守护这片美丽的土地已有30年了。他的故事,在宜章县口口相传。大家说他是"大山卫士"、"百姓牛倌",他在山上的住所,是义务哨所,也是免费客栈。
  他为什么独守狮子口?是什么"魔力"吸引着年轻人上山"取经"?记者通过长达一年多的深入采访与观察,印证了宜章人民心中的答案:共产党员刘真茂是新时代的"活雷锋",是高扬在大山深处的精神旗帜。
  ——《新时代的"活雷锋"》(《光明日报》2012年2月23日)

分析:
以"二流子"引出刘真茂,以故事切入故事。"二流子"的故事是文本的

"卫星事件",刘真茂的故事是文本的"核心事件"。"二流子"以细节呈现"刘真茂",增加文章的趣味性和可读性,体现出新闻"用事实说话"的价值取向,增强了文章的现场感和节奏感。

新闻叙事是一系列新闻事件的流变过程,在这个过程处理好事件的主次、轻重和缓急之分,会使事件之间的横向、纵向联系更加紧密,顺畅自然,扩大了文本的信息量。

总结:

两篇文章的开头虽各具特色,但都属情节性很强的开头。除此之外,两篇开头还有一个共同特点,都是充满悬念的。

《守望大山》的悬念来得直截了当,平实的叙述制造了最直接的悬念——刘真茂是怎样的一个人?29年来他是怎样一路走来的?他又是如何将自己的命运与这座山林紧紧连在一起的?

《新时代的"雷锋"》所制造的悬念更起伏跌宕一些。宜章县出了件新鲜事——"二流子"上山找的这个护林员是谁?他有什么魔力改变了"二流子"的人生?与其素昧平生的年轻人为什么会慕名前往他的瞭望所?简单的叙事蕴含着一环扣一环的悬念,在层层推进中明了答案。作者在开篇最后给出了疑问的答案:刘真茂是新时代的"活雷锋"。笔者认为,此处如果将不完全叙述进行到底,不给出明确答案的话,这种因悬念而营造出的阅读张力会更强烈,受众的阅读兴趣也会被进一步激发,进而迅速向下移动视线。

三

新闻事实:

1912年,中华书局诞生;2012年,中华书局成立100周年。

中华书局100岁了。

百年沧桑、大浪淘沙。无数文化机构旋生旋灭,消失于时代的洪流。能够坚持至今而屹立不倒者,少之又少。中华书局正是其中的杰出代表。

100年来,在中华民族救亡图存、自强新生的奋斗道路上,这家以"中华"为名的出版机构始终与国家民族同呼吸共命运,升沉荣辱,生死以之。在中华书局的百年历程里,处处闻听时代前进的足音,代代彰显知识分子的家国情怀。它的历久弥新、长盛不衰彰显了一个浅显而深刻的道理:任何力量,只有融入国家民族的进步事业,才能永葆生机、发展壮大。

——《守正出新启民智》《人民日报》2012年3月20日

分析:

中华书局成立100周年,全篇的核心事件。开宗明义,开篇即以核心事件引入,具体而明确。中华书局大浪淘沙,在历史大潮中沉淀积蓄,它的发展轨迹与时代背景同脉搏,处处叩响时代的足音。它为何会有这样发展的力量?这也是引起读者共鸣的关键点,自然会引领读者深入阅读。

步入百年的中华书局,这几天,员工们的感觉似乎有些不一样。大家从中华书局创办者陆费逵的铜像前走过,不禁想起2009年4月8日。

记得那天,中华书局的同仁们挤坐在510那间不大的会议室里——老者,雪染双鬓;少者,风华正茂。简朴的房间因冯其庸、袁行霈等当代著名学者的到来,蓬荜生辉。陆费逵铜像揭幕仪式,与聘请六位先生为书局学术顾问的仪式同时举行,四位未到会的受聘者,为学界大家季羡林、何兹全、任继愈和饶宗颐。

他们的名字,如雷贯耳。

从那一天起,陆费逵又回到了中华书局。其实,在一个世纪中,他又何曾离开?

从那一天起,中华书局的同仁们每天都从陆费逵面前走过,在他注视的目光中,划动中华书局前行的橹桨。

百年,有些漫长;百年,只是一个瞬间。

这漫长,足以使一粒种子长成参天大树;足以使微不足道的开端成就为一桩伟业。

这瞬间,分明让我们感到,一个世纪前的宣言犹在耳畔,往事就在昨天。

——《为了"立国之本"》(《光明日报》2012年3月21日)

分析:

这是一幅缓慢铺开的画卷,在铜像前走过的员工掠过的是百年沧桑的历史。作者将镜头一转,透过时间的维度,聚焦在那间不大的会议室里,老者和少者暗示着中华书局的过去与未来。"从那一天起,陆费逵又回到了中华书局",这种回归更是精神层面的一次洗礼。"从那一天起",中华书局的同仁们在陆费逵的注视中,继续积攒着推动书局向未来前行的力量,而"那一天"不仅是2009年4月8日的定格,早在100年前就已经开始了。

如果说作者在前六段的叙述中还在向读者描绘百年画卷中若隐若现的美感,那最后两段已将这种美感立体呈现在读者面前,漫长与短暂只在一瞬间,需要读者在后续的叙事中慢慢体味。整个开篇以变焦的方式将模糊的时间(历史)清晰地还原在读者眼中,将读者的情绪缓缓带入到叙事中。

中华书局的办公楼隐藏在一片半旧的建筑群中。楼内的一面墙上用雅致的红字镌刻着一段话:"我们希望国家社会进步,不能不希望教育进步;我们希望教育进步,不能不希望书业进步;我们书业虽然是较小的行业,但是与国家社会的关系,却比任何行业为大"。

1924年,38岁的陆费逵在上海《书业商会二十周年纪念册·序》中写下了上面那段话。作为中华书局的创始人,陆费逵自19岁投身书业,以教育人办实业的姿态,践行开启民智的尝试和主张。那段话,似乎是他的自勉和宣言。

——《中华书局:启蒙的开端》(《中国新闻周刊》2012年第3期)

分析:

以直接引用的方式开篇,强调事件的真实感,中华书局的百年精神跃然纸上,生动而具体。这是一篇通过人物来记叙历史演变的文本,可取之处在于它充分展现了新闻事件中的人缘特征,突出了以人载事的叙事方式,给读者面目一新的感觉,增强了文章的可读性。

总结:

三篇文本的开头各自代表了一种写作方式。《为了"立国根本"》更符合读者的阅读心理,层层推进,使读者的情感完全融入作者笔尖;《中华书局:启蒙的开端》突出了人在事件中的主体地位,理性而引人深思;《守正出新启民智》以"核心事件"引入,营造磅礴的叙事氛围,让读者站在远望大全景的高度重新审视历史。

新闻叙事的小小说技巧

《军理工报》副刊于2012年开设了新栏目《微小说》,栏目开设后反响不错,学员的投稿热情很高,刊载数期后便成为很受学员喜欢的校报栏目之一。

《微小说》为什么受欢迎?细细品来,还应归功于这种文体的特征——构思新颖奇特、情节相对完整、结尾出人意料。如果将这种写作方式借鉴到新闻叙事中未尝不是一种对新闻报道的新诠释。

微型小说也称小小说,是用最俭省的笔墨描绘生活中最精彩、最生动、最富有表现力的事物的文学体裁。和长篇小说、中篇小说、短篇小说相比,小小说的构思一般都超凡入奇,立意也新颖别致,是一种能够充分反映作者智慧的创作文体;在展现人物方面,小小说的写作更像是照相机,定点曝光、着重闪光,在选取材料上精益求精,呈现人物形象的最佳状态;材料上的精益求精又使得小小说的写作十分注重情节的选取,无论作者掌握了多么庞杂的素材,在写作中都只能选取事情的一两个片段,将最富有表现力的片段取出加以定格,然后再放大或缩小,达到最终的艺术效果;除此之外,小小说对语言的要求既通俗又严格,即雅俗共赏。通俗,是指小小说的语言常采用生活化的语言,为读者营造熟悉而亲切的语言氛围。严格,则是指小小说对语言的要求极为苛刻,在极短的篇幅内绝不允许有只言片语的废话。所以,小小说的语言都是经过精雕细琢的,将口语的生活气息和书面语的庄雅神韵集于一体。

当然,新闻毕竟不是文学,文学的写作手法不可能也不可以全部借鉴到新闻写作中来。但小小说的写作技巧运用到新闻写作中却可以提升新闻的感染力和影响力,扩大新闻叙事的艺术效果。小小说的写作技巧包括反差、空白、虚实、悬念、折叠、跳移、省略、延宕等,这里举几例简要介绍。

1. 延宕

延宕的妙处在于本该早一点挑明的道理并不马上说出来,让它蓄势待发,等憋足了劲再亮相。

"电话谁打的,吃了熊心豹子胆了,状直接告到政委哪去了!"4月底的一天,一个电话在北航某团机务一中队引起轩然大波。

指导员郭啸宇因此很上火,嘴角起了好几个泡。自从接到团政委贾喜春"要查这个电话"的指示,他已几天没睡过好觉了。

一筹莫展之际,终于有人"自首"来了。士官张鹏走进郭啸宇的房间,红着脸说:"指导员,那个电话是我打的。"

……

原来,上个月机关在规划扩建中队综合体育场时,发现机务中队宿舍楼前的两排杉树影响体育场的视觉效果,便作出了砍树的决定。对此,中队官兵提出不同意见:驻地风大、沙尘多,这两排树既挡风防沙又遮荫蔽阳,砍了会影响官兵生活。

性急的张鹏便偷偷抓起电话,拨通了团政委贾喜春的电话:"政委,你得管管呀,一中队门前的树不能砍……"话没说完,紧张的张鹏便把电话挂了。

接到这个有头无尾的电话,政委贾喜春是"丈二和尚摸不着头脑",干脆直接赶到了现场。

树是保住了,但中队领导却高兴不起来。

郭啸宇诚恳地向政委报告:"告状电话是一个士官打的,不过……"

"告状电话?"贾政委打断了他的话,略一沉思:"给他一个好建议奖!"

"是!"郭啸宇笑着敬了一个标准的军礼。

——《"告状"电话》(《人民海军》2012年5月16日)

机关工作组和中队干部被贾政委召集到现场办公,源于贾政委接到一个"无头"电话。树虽是保住了,但机关工作组不高兴了,"中队不按工作程序办事,不该直接向政委打电话告状",郭指导员接到要其调查的电话后更是"很上火"。张鹏的"命运"顿时揪住受众的心,但转念一想,树保住了,张鹏总该不会被处分,果不其然,他反而得了个"好建议奖"。《"告状"电话》就是运用延宕来表现生活中的哲理——坚持做正确的事,总会得到正确的回报。

2. 虚实

虚实手法可以化浅显直白为深邃悠远,变简陋平淡为丰富多彩,将一般化的作品抹上一层艺术色彩。

公元2024年秋天的一个早晨,年逾古稀的陈道明在女儿陈格格的搀扶下,坐到写字台前撰写有关自己艺术生涯的回忆文章。当他写到1984年的时候,笔不由地停了下来,显然,那是个不平常的年头。那一年,他开始在大型电视连续剧《末代皇帝》中扮演中年溥仪,这一演,就是三个春秋……(《往事如烟……》开头)

往事如烟,思思缕缕,忆及那段"三年一帝"生活的陈道明,合上双

眼,嘴角泛起一丝他特有的不易为人所察的微笑。(《往事如烟……》结尾)

这篇题为《往事如烟……》的人物通讯发表于 1988 年 9 月 8 日。文章发表后即受到广泛关注,人们议论最多的就是文章的开头和结尾。有人说,这种写法违背了新闻的真实性原则,是在写小说,尤其文中开头写的公元 2024 年秋天的一个早晨,年逾古稀的陈道明如何如何,以及文章结尾写的 2024 年的陈道明回忆往事,"合上双眼,嘴角泛起一丝他特有的不易为人所察的微笑",纯粹是记者的想象,根本没有真实性可言。

的确,这篇文章的开头和结尾都不是事实,不符合新闻的真实性原则,即使是合理想象也不是新闻的行文准则。但读罢此文,读者都会有这样一种感觉:虽是虚无缥缈的情景设置,但却并不影响对主体新闻事实的理解,也没有对所要呈现的事实造成扭曲变形,产生误读事实的情况。而这种虚实结合的叙事,反倒丰富了现有素材,增加了文章的节奏感,使行文变得更新颖、更生动。可见,虚实手法犹如烹饪时的调料,虽不是主要食材,却幻化了主要食材的质感和品格,将普通变得更有声色。

当然,这样的写法要注重虚实的比重,将"虚"控制在可接受范围之内,如果虚大于实,那文章就是舍本逐末,真的成为小说了。

3. 反差与悬念

反差是指在事件的情节设置上营造落差,在对比与反衬中突出事实真相和人物性格。悬念则是增强人物性格含量和情节吸引力的一种常用写作技巧。由于反差手法在营造落差时往往会给受众带来疑惑与不解,所以在新闻叙事中,反差与悬念常配合起来使用。

《纽约时报》1958 年 8 月 31 日刊登了一篇题为《奥斯维辛没有什么新闻》的消息。世人都知道,奥斯维辛是一个令人惊恐的名字,也是一个人们都熟知的地方,它太重要了,也太具世界性了,怎么可能会"没有什么新闻"?而且,既然"没有什么新闻",为什么还会登上了报纸的头版头条?从标题上看,受众都会因为它的奇怪和反常而想要认真看一看这到底是一篇什么报道。还未读正文,作者就已经用反差手法来构思新闻,以对比强烈的反常色彩引起读者的注意,激起了读者的好奇心。

而在接下来的新闻导语中,作者写到:

> 在布热金卡,最可怕的事情是这里居然阳光明媚温暖,一行行白杨树婆娑起舞,在大门附近的草地上,还有儿童在追逐游戏。

为什么这样美好的东西都是最可怕的?作者用奇怪的现象把受众推到了难以名状的感觉之中,受众正是从这种反常的感受中隐隐察觉到了不祥之兆,恐怖之情油然而生。此后的段落中,作者仍是用一系列的奇怪铺垫为事实的呈现做好了准备。而整篇文章都充满了反差与悬念,表现出作者发现事实、提炼事实间逻辑关系的深厚功力。

这种小小说的写作技巧成就了震撼心灵的作品,也让作者埃·姆·罗森塔尔收获了1960年的普利策奖最佳消息奖。

如何让手中的笔变为摄像机

新闻叙事中的心理补偿机制

如何在新闻叙事中"构图"

新闻叙事的起幅与落幅

新闻叙事中的隐喻思维

新闻叙事中的景别构成

新闻叙事纪录性美学的主观构建

新闻叙事的色彩情感

新闻叙事的焦点与景深

新闻叙事的剪辑原则

新闻叙事中的听觉艺术·对白

新闻叙事中的听觉艺术·旁白

新闻叙事中的心理补偿机制

1895年12月28日，法国的卢米埃尔兄弟在巴黎的"印度沙龙"内公映了一系列短片《火车进站》《工厂大门》《水浇园丁》等，开启了世界电影之旅。当人们目睹银幕里下雨的时候，纷纷不由自主地打开了手中的雨伞；当看到火车在银幕上迎面驶来的时候，又情不自禁地惊呼起来，并躲到了座位底下，震惊不已。

这说明，电影无限逼近现实的技术改变了人类的艺术传统，叙事真实性的美学追求已被置换为视听奇观的虚拟创造。当然，从另一个方面来看，这种应激反应更重要的还是来自人的心理原因。撑起雨伞是为了不让雨淋湿自己，躲在座位底下是为了避开向自己驶来的火车，这些都是观众在观影过程中根据自己的日常生活经验对影片画面之间的断裂做出的心理补偿，这就是心理补偿机制。

心理补偿机制是由德国著名心理学家明斯特伯格提出的，他认为，电影银幕上运动着的影像不完全是在银幕上完成的，而是在观众的心理参与下，在观众的脑海中完成的。例如，在表现一个人饮尽一杯水时，无需拍摄整个喝水的过程，只需两个镜头分别表现满水杯和空水杯即可。中间的喝水过程观众可根据日常经验在脑海中自行完成。

在新闻叙事中同样存在着这种心理补偿机制。我们在浏览新闻文本时常常会发现,作者在记叙新闻事实时不做面面俱到的叙述和描写,上下文之间也不刻意考虑衔接和过渡,而是根据报道的需要省去不太重要的情节,简要勾勒新闻事实,从而达到特定的艺术效果。这其实就在新闻叙事中利用了受众的心理补偿。

采用这种叙事方式,句子和句子之间,段落和段落之间都会有较大的跳跃,给人以干练、简明、高效的感觉。虽然跳跃感强烈,但整篇文章还是有一个内在的逻辑,不松散。

运用心理补偿机制可以丰富新闻的信息量。一篇文章可以分解为若干段落,每一个段落又可以分解为一个个句子,每一个句子又分解为更小的单元,每个小的单元都是一个相对独立的信息单位。单位信息量越大,新闻作品的价值就越大。当然,在写作的过程中不需要将每个单位的信息量都丰富到饱和的程度,通过心理补偿即可让受众在行文间获得充足的信息量。

例如《空军报》曾刊登的文章《千里归建》:

雨中撤收,雨中装载,雨中行军,我随老连队的战友们顶风冒雨,千里归建。

……

4月14日6时,战友们开始吊装天线、导弹等重要兵器装备。记者在吊装现场站了一会儿,五六级的大风夹着冰冷的雨水扑面打来,冷得浑身打颤。被拉上车后,我透过雨雾迷蒙的车窗玻璃看到,吊装的官兵迷彩服外套着一件薄薄的雨披,雨披被风吹至腰身处,早已起不到任何遮挡风雨的作用……。

15日夜11时,记者跨上了满载兵器的归建的专列。值得欣慰的是,老连队的战友们再也不像我们当年打靶驻训时挤在闷罐车厢里遭罪了,大家都睡上了卧铺……行军中也再不像我们当年啃干粮、喝白水了,饭点都赶在了军供站,战友们吃上了热乎乎的饭菜。"千里归建一日还",也改变了昔日军列见车就让的历史。

次日夜里1时许,列车平安抵达驻地……。

文章以时间顺序展开,以简省的笔调描写了前后三天的整装归建过程。在吊装现场,记者没有直接描述战士们是怎样辛苦吊装的,而是通过描写恶劣的天气让受众自我感知,体会整个吊装的不易,增强了现场感,扩展了素材。在官兵踏上归建的列车后,记者没有具体描写三小时内的行车过程,仅是记叙了现在军列与昔日军列的不同,让受众充分体会到基层生活的改变。虽然只有寥寥数笔,却有了宏观的感性认识。

可见,学会运用心理补偿机制不单可以丰富新闻信息量,还可以提高叙事的表达效率,让新闻更简洁,更有渗透力,便于读者快速阅读,节省阅读时间。

当然,在便于读者快速阅读的同时,运用心理补偿机制还可以增强文章的节奏感,行文波澜起伏,充分调动读者的阅读兴趣。

图木舒克原名图木休克,维吾尔语的语意是"鹰面部突出的地方"。城市还没建立就休克?为讨个吉利,也寓意着宜居舒适,2004年,这座兵团新城挂牌时定名为图木舒克。

从新疆生产建设兵团职工变身为城市建设者,摘棉花的手如今来敲键盘,大量农民成为市民。建城过程中,市长最为烦恼的是什么?图木舒克市市长于林脱口而出:人才是制约城市发展最大的瓶颈。建市以来,城市建设管理人员严重匮乏,送到石河子市学习挂职一年,采取各种奖励优惠政策,聘请顾问,咨询专家,能想到的各种招数都用过了,人才难题依然困扰着于林。

图木舒克市对人才已经到了求贤若渴的地步。农三师永安棉纺织公司副总经理卡斯曼江遇到4名内地大学生前来求职，只看了一眼他们的大学毕业证，"先留下再说，可不能让他们跑了。"事实证明他的决定没错，这4名大学生不仅留下了，而且在企业库管、办公室等岗位上干得非常出色。

不过，卡斯曼江也有他的烦恼。提到企业职工的流动性问题，他连连摆手："此事说来话长，我经历了农三师的几个公司，培养的工人不下1500人，能留下来长期干的不到100人。"

……

这是《人民日报》2012年5月8日刊登的文章《戈壁滩上筑新城》。文章在讲述人才对图木舒克的制约作用时，作者列举了农三师永安棉纺织公司招聘大学生的事例，"先留下再说，可不能让他们跑了。"人留了下来，而且还干得非常出色。但是人是怎么被说服留下的？之后又是怎么开展工作的？在这个过程中矛盾又是怎样解决的？作者都没有详细交代，而是丢给受众自己去揣测。悬念产生，文章自然有了起伏，受众自然会去下文中寻找答案，但在谜底揭晓前，受众已在心中构想答案，并期待继续阅读，看自己心中的答案是否与谜底相符。这种在阅读中产生的乐趣只有用心去揣摩才体会最深。所以，运用好心理补偿机制是提高文章阅读率的一个十分有效的方式。

那么，如何在新闻叙事中运用好心理补偿机制呢？

首先，在不过分注意文字的连贯性，不刻意考虑段与段之间的过渡与衔接时，要着力突出读者最感兴趣的事实。事实的筛选不能过于宽泛，否则会导致逻辑跳跃过大，读者不易理解前后文的关联。

其次，在不做面面俱到，不做平铺直叙的同时，要灵活运用表达方式，要在叙述、描写、说明中快速变换，交替使用直接引语、细节刻画、现场描述等多种表达手法。

最后，心理补偿过程是受众智力参与的过程，而这种智力参与又是受众对日常生活中时空感知的再次组织。所以，在叙事时，不能漫无边际脱离新闻的主题，要在受众能够接受和理解的范围内跨越，在迅速推进事实的同时让受众全面知晓信息。

如何在新闻叙事中"构图"

我们去影院观影,银幕就如同一个超大的"取景框",我们看到的一切都是通过这个"取景框"获得的。影片的制作者不论使用多长焦距的镜头,也都只能在这个"取景框"中表达内容;不管内容多少,也只能在这个"取景框"内做文章。这是创作的前提,也是制约。

同样,新闻文本中也存在着这样一个"取景框",这就是新闻主题。它决定着新闻材料的选择、新闻角度的切入和新闻语言的运用。

银幕的边框是对观众视野的限制,既然是限制必然存在着局限性。为了突破局限,电影需要依靠连续不断的不同画面来表现事物。而在新闻叙事中,则需要通过对新闻事件的合理安排来围绕主题突破局限。

对一个优秀的新闻写手而言,"取景框"的存在是必要的。他需要不断突破这个边界,探索富有表现力的手法,在限定的空间内施展技艺,在规定的新闻主题下选择组合素材,安排和处理好表现对象的相互关系,把个别和局部的素材统一为整体。这就是新闻叙事的"构图"。

"构图"是对一名新闻写手安排布置素材能力的考验。素材是新闻叙事的基础,每一个素材都具有自身的严谨结构和承载着独特的信息量。作者要通过这些素材将受众引向情感,又从情感引向思想。

那么,如何在新闻叙事中构好图呢?总结起来,最基本的有两点:一是突出主体;二是巧用"引景"。

构图时要把每一个素材区分开,同时又要考虑到素材和素材之间的相互联系。每个素材承载的信息量虽然有限,但如果在新闻叙事时刻意强调素材的多样和丰富,没有统一的构思,不突出主体,没有相互间的呼应,那就会给受众凌乱涣散的感觉。

作者要把受众最感兴趣的素材放在主要位置上,集中笔墨突出"核心素材"的形象和情感。"核心素材"是表达新闻主题的核心内容,是主体;"卫星素材"对"核心素材"起修饰、烘托作用,是陪体。作者要合理处理好主体与陪体的关系,要让陪体与主体内容构成呼应。

有一名学员给笔者看了一篇他采写的人物新闻,写的是一名教员的科研之路。文章开篇提到的一个事例很具有吸引力,是说这名教员被推荐成为某"863"项目课题组的负责人,但他自己不仅年纪轻,而且只是一名硕士,而他所带领的团队藏龙卧虎,博士生就有好几个。所以,大家对他能否带好这个团队,能否担起这个重任是持怀疑态度的。

这是一个很好的例子,它的背后充分反映出这名教员的科研能力和水平,也能在这个过程中充分展现矛盾,让受众在行文的起伏中感知人物的特征和魅力。因此,这一事件完全可以作为核心素材在全文中突出强调。况且,文章在开头就如此吊起了受众的胃口(他是否成功带领这个团队完成项目?在这其中又发生了哪些故事?),受众也早已迫不及待地要阅读下文了。

遗憾的是,学员在下文对此事却没再提及,而是又讲述了建设培训中心、考博、获军队科技进步奖等事件,使得主体和陪体杂糅在一起,大大削弱了主题。这就如同我们在拍摄一个人物时,他的背后刚好有树枝或灯柱,出现了头上长树或头顶灯柱的怪异画面,致使"画面不干净"。这时就需要重新安排位置,排除干扰因素,以免分散观众对主体的注意力,充分做到"简明扼要"。

同样,如何让文章变得干净?这需要在保留必要的素材外,想办法去掉多余的、有碍主体发挥作用的素材。如果这名学员在下文中继续将开篇的故事讲述完整,主要围绕教员的科研方面来叙述,剔除考博等与科研内容关系不大的素材,那么文章的主题就会鲜明地呈现在受众面前,人物也会自然丰满地展现出来。

2012年2月12日,《解放军报》刊发了一篇题为《郎玛乡,藏胞深情牵衣袖》的新闻:

......

"郎玛乡有个11岁孩子叫格珍,去年12月我为她做过先天性心脏病手术。路上用20分钟时间,顺路到她家回访看看有没有术后不良反应和其他症状。"李素芝说。

车队来到郎玛乡,李素芝为格珍听诊后说:"康复很好,心脏没有杂音。"格珍的家人也说,孩子与几个月前相比,好多了。

格珍的先天性心脏病是去年下半年逐渐加重的。当时她走路常跌倒、睡觉要趴着睡,母亲曲珍带着孩子来到拉萨,李素芝为格珍做了手术,并免除了13万元的手术治疗费用。

"'门巴将军'来啦!"听说李素芝来到格珍家,附近村子的父老乡亲陆续赶来。

82岁的奇美异珍是格珍家的远房亲戚,要求女儿白玛带自己来。她说一是想看看"门巴将军"到底长什么样,二是想请李素芝为自己看看哮喘病。

"哪一个是李素芝?""让我看看,让我看看……"不一会儿,格珍家的院子里、走廊上挤满了人。

"你们看什么病?"李素芝问大家。"我这里痛得每天晚上睡不着。"

一位大妈在女儿的搀扶下,走到李素芝跟前。"李门巴,帮我看看这是怎么回事?"……人越来越多,记者略数了一下,30多个人把不大的屋子挤得满满的。

李素芝为格珍复诊是文章所要表现的"核心事件",附近村子的父老乡亲来找李素芝看病是"卫星事件"。作者在处理这一对主体和陪体时紧紧围绕着李素芝与藏胞之间的深情这一主题来展开,将主体作为构图的支点,以陪体来烘托主体的重心地位,让受众在记者精心安排的叙事布局中体味细节,感受藏胞对李素芝的"牵衣袖"深情。

除了突出主体外,巧妙运用"引景"也是在新闻叙事中"构图"的重要方法。

在影视创作中,"引景"的目的是要把观众的目光引向趣味中心,而趣味中心不以视觉因素的结构为主来吸引观众的注意力,而以被摄体动作、表情、形态、事件的情节点为中心来吸引观众注意力。如剧情中如果出现了重要的物件细节,那它自然会成为观众的趣味中心。我们不妨回忆一下影片《阿甘正传》的开头,即是以一片飘动的羽毛引入影片,成为观众的趣味中心。

新闻叙事的"构图"同样需要这样一个趣味中心,这个"引景"能够特别吸引受众的注意力。无论在一篇文章中有多少需要展现的素材,这其中总会有一个成为整篇构图的"引景"。

2006年,为纪念中国工农红军长征胜利结束70周年,各大报刊媒体都刊文报道这一新闻,但大多数媒体都是采取平铺直叙的方式回顾这段历史的。与此不同的是,新华社的文章《他们当年多年轻》以当时红军将领的年龄为切入点荡开全文:

2006年10月5日,长征战将廖汉生带着他的红色记忆告别了我们。长征结束那一年,廖汉生25岁,已是红二方面军前锋师师政委。在今天,这个岁数还是多数年轻人刚刚开始工作的年龄。

但,在70年前的长征将领中,廖汉生并不是最年轻的。担任红二方面军副总指挥的萧克,也不过比廖汉生年长3岁。

……

在1935年1月15日至17日召开的遵义会议上,毛泽东成为党和红军的实际核心。作为党从幼年走向成熟的标志,成立13年又6个月的中国共产党,从此将中国革命的命运掌握在了自己手中。

是时,毛泽东度过他第41个生日才不到一个月。在今天,这不过是一名团级干部的正常年龄。

……

在毛泽东左右,是一批同样经受过战火考验的年轻的红军领导人。

这一年——

周恩来,中革军委副主席,37岁;

王稼祥,中革军委副主席,红军总政治部主任,29岁;

刘伯承,红军总参谋长,43岁;

连堪称"年高德劭"的红军总司令朱德,当年也不过49岁。

在他们身后,是更加年轻的红军将领。林彪,红1军团军团长,28岁;聂荣臻,红1军团政委,36岁;左权,红1军团参谋长,30岁;彭德怀,红3军团军团长,37岁;杨尚昆,红3军团政委,28岁;邓萍,红3军团参谋长,27岁……。

年龄作为"引景",的确让人感到耳目一新,自然也就成为趣味中心。作者沿着趣味中心展开叙事,向事实的深度和广度延伸,给受众以纵深感,巧妙打破了固有历史事件的封闭性,丰富了文章的趣味性和可读性,使"构图"更加饱和。

新闻叙事的起幅与落幅

起幅与落幅是运动摄影中电影构图需要考虑的两个重要因素。起幅是运动镜头开始时的画面,要求构图讲究,有适当的长度;落幅是运动镜头终止的画面。起幅和落幅要尽量寻找富有表现力的主体,尤其是落幅画面,要满足观众的期望。在新闻叙事中,起幅与落幅借指新闻的开头和结尾。

一段镜头如果是有表演成分的场面,那在起幅时应该使观众看清楚戏剧动作,应该以人物作为构图的依据;如果没有表演内容,则应使观众了解环境,找出主要对象作为构图的依据。

同样,在新闻文本的开头,如果是人物首先登场,那在写作时应该突出对人物肖像、语言、行动、心理等细节描写,为读者全貌勾勒被叙述对象或展现能表现被叙述对象特质的元素。

爱德华兹大笑,爱德华兹大笑,爱德华兹兴奋得乱喊乱跳。

这位大器晚成的英国选手今天在第五届世界田径锦标赛男子三级跳远决赛中,以18米29的辉煌腾跃创造了一项属于21世纪的记录。

这是1995年第五届世界田径锦标赛男子三级跳远决赛结束后,新华社记者采写的报道的开头。文章开篇直击选手胜利的喜悦,以一个特写镜头展现给受众最直观的感受。描写简洁明快,迅速推进了新闻的叙述。

再来看一看《中国青年报》2007年6月14日刊发的新闻《张晓：含泪奔跑的阳光少年》：

6月7日，高考第一天。等儿子张晓为自己穿好衣服，洗完脸，把自个儿挪到床边坐好，曹雪红目送儿子离开，开始"胡思乱想"。

儿子的考试结果怎么样，尚不知晓。可一旦儿子考上了，"那可怎么办？我不能再让儿子背着我去上学，我不能再成为儿子的累赘。"

曹雪红越想越自责：我没有尽到一点儿母亲的责任，相反拖累了孩子14年。儿子的童年被我剥夺了，少年时代也被我剥夺了，我不能再剥夺儿子的青年时代！

泪如雨下，曹雪红用完全变形的手艰难地拽过一张卷纸，低头擦拭泪水。

抬起头，曹雪红说出自己的心愿："阴历八月十五，是我儿18岁生日，我想为他做最后一件事，在很大的范围内告诉我儿：妈对不起你"！

文章开头对人物的心理、行动、语言进行了多角度的描写，为故事的开始设下悬念：妈妈为什么对不起儿子？文章起幅悠长而舒缓，给受众留下足够的期望，自然流畅地转入下文。

以上两则例子是有人物参与的开头，如果新闻文本的开头不是以人物引进的，那在写作时不妨为主体的出场营造氛围，构建一幅吸引受众的新闻画面，控制新闻叙事的节奏与频率，为整篇报道定下基调。

这里是巴黎美丽城。6月26日下午，天气晴好，气温37度左右。经历连续数天的阴雨之后，巴黎难得出现这样的艳阳天。阳光下的美丽城街区人来人往，像平时的每个周末一样热闹。一辆警车一直停在美丽城大街和美丽城大道交叉的地铁口，车中有几名法国警察的身影。

在巴黎除了香榭丽舍大街等旅游区，像这样热闹的街区并不是很多。当然,来美丽城的人几乎没有游客,大都是附近的居民,以华人、阿拉伯人和黑人等外国移民居多,通常意义上的"法国白人"很少。有很多巴黎华人经常来这里购物,以温州人店主为主的美丽城大街上,两边遍布着华人开的超市、花店、蛋糕店,甚至豆腐店等。美丽城地铁口往南,则是阿拉伯移民为主的聚集区。美丽城街区是巴黎市区最复杂的移民聚集区之一,并且是10区、11区、19区和20区的交界处。

这是《中国新闻周刊》2011年第24期的一篇文章《危险的巴黎》。文章深刻分析了在法华人的生存现状和在法华人渴望融入法国社会的强烈愿望,是披露现象和揭露现实相结合的思考性新闻。

文章开篇没有采取开门见山的方式,而是以场景切入,通过对美丽城街区的描写反衬出表象背后隐藏的深刻问题。巴黎难得的艳阳天和地铁口法国警察的身影正是在法华人生存现状中存在的矛盾的隐喻。一切都简单而自然,但美丽城本身似乎并没有像她的名字那样"美丽",这里是巴黎市区最复杂的移民聚集区之一,这也注定了美丽城将是一个有故事开启的地方,必然也会引导受众的视线迅速下移,探寻整个故事的来龙去脉。

起幅悠长,为下文的展开预留足够的空间和回旋的余地,也为全文的施展奠定了基础。受众的视线延伸至远处,自然会看得更加通透深邃。

关于文章开头的写法,笔者在《讲故事,从头开始》、《故事可以这样讲起》两篇文章里有过介绍,这里不再赘述。

起幅讲究构图,要有适当的长度;落幅则要求平稳自然,尤其是要准确,能够恰到好处地按照事先设计好的景物范围或主要被摄对象位置停稳画面。

对于新闻文本而言,要平稳自然准确地结尾则需要为主体预留一定的篇幅,要么取豹尾之势,强劲有力;要么取撞钟之意,掩卷为之常思。

选择一个强劲有力的结尾可以给全篇新闻带来一个转折,给读者带来心灵上的冲击。

2010年5月20日,《南方周末》刊发特稿《落跑的越南新娘》。文章以江西农民封毛仔为中心人物展开,讲述了他以两万多元的买价将越南女孩陈小兰买进家门成亲。然而,这场婚姻却因陈小兰的逃跑而结束。至此,一场近20多名越南新娘集体骗婚的事件浮出水面。

文章以封毛仔与陈小兰婚后的最后一次见面开篇,讲述了整个骗婚的过程。当受众融入全文在为封毛仔被骗惋惜,在为整个事件重整思路,在深刻反思事件背后的深层社会根源时,作者却以封毛仔对未来婚姻不变的执著态度结尾:

谈及未来,毛仔说,他打算再好好干,存笔钱再娶一个,5万以内的都可以接受,只要不是国外的就好。"不害怕再逃婚吗?""只要她先帮我生个儿子就行"。

封毛仔仍然想通过买卖来重建家庭,经营婚姻。这与全文反思的基调形成了鲜明的对比,不可不说这样的结尾的确震撼人心。

明代诗论家谢榛在《四溟诗话》中提出:"起句当如爆竹,骤响易彻;结句当如撞钟,清音有余。"取"撞钟之意"原本是文学写作的常用表达手法之一。新闻作品不同于文学作品,不能脱离实际虚构意境来表达作者的主观意愿和思想情感。但这并不意味着新闻叙事不能借用这种表达手法。只要事实精准,借用适当,让受众在行文的起伏间体味细节,运用心理补偿静心领会,同样可以达到意味无穷的表达效果。而现实中,许多新闻作品也常用这种手法结尾,增强表达效果。

《战士报》曾在一版刊发过一篇题为《战士的父亲给儿子——遥寄泥土》的新闻。文章讲述了"南彭守备模范连"的战士徐沛收到一个来自家乡湖南岳阳的包裹,官兵们本以为是徐沛父亲寄来的土特产,准备大饱口福,可打开包裹一看竟是一堆黑色泥土。原来,南彭岛是一个自然条件艰苦的孤岛,守岛官兵每次出岛学习、休假归来都要带回土泥巴改良岛上的土壤。30多年来,经过一代又一代守岛官兵的努力,南彭岛上已有了官兵们自己的菜地和惹人的绿色。徐沛"当了近两年兵还没下过岛,没有机会带泥土上岛,眼看快要到服役期限了,心里总有个愿望没有实现,就给父亲写了信……"而父亲也在回信中,更期望儿子能像这包泥土一样守护着祖国的海岛。

为表现守岛官兵牺牲与奉献精神的伟大,作者在全文结尾时写道:

> 战士们精心地把泥土拢在了菜地里。此时,海面水天相接的地方一片晚霞格外红艳。霞光,将战士和战士脚下的泥土染成了金色。

眼前的这片景象客观实际,蕴含着作者丰富的情思。而这种"登山则情满于山,观海则意溢于海"的借景抒情更容易给受众留下深刻的印象,让人闭目如在眼前,展开联想和深思。

当然,上文提到的仅是新闻叙事如何落幅的两种表达方式。对于新闻如何结尾还要取决于新闻事件的题材和行文的结构,而它们的多样性也决定了结尾形式的多种多样。对于此点,笔者愿与读者再探讨交流。

需要指出的是,在运动摄影中,为了观众视觉的连贯性,在相连镜头画面上兴趣点的位置不易跳动太大,最好是前后画面保持兴趣点位置的一致。

而在新闻叙事中,也可以借鉴这一表现形式,保持受众在开篇与在结尾的兴趣中心一致,这也可理解为我们通常所说的前后呼应。

结尾回到开头,再现开头提到的某个新闻要素,或者进一步叙述开头提到的某个事件的进展情况,让前后焦点相互照应,形成循环,会让受众读完文章后回味无穷。

2012年7月20日,有一名学员发表了一篇题为《四年,那物那情总难舍》的文章。当初,学员拿来这篇文章的初稿给笔者看时,笔者感到文章的基本内容和大体结构都很不错,只是觉得还缺少一些能够让受众反复咀嚼的东西。文章正文列举的水壶和贺卡都反映了学员四年来的成长与收获,也让受众看到了学员的进步和取得的成绩,只是文章开篇提到的翻阅日记的事例还是有些让受众感到意犹未尽。于是,笔者建议学员将文中的主人公翻阅完日记的情感表露叙述完整作为该文的结尾,这样不单与开头形成呼应,构成了一个完整的新闻叙事,也满足了受众追求完美的心理,给人以启迪。

新闻叙事中的隐喻思维

在2012年伦敦奥运会开幕式上,有一个场景想必大家会记忆犹新——扮演憨豆先生的英国喜剧演员罗温·艾金森一出场,观众就笑了。为什么?因为在观众的印象中,艾金森就是憨豆,憨豆就代表着幽默。而憨豆式的幽默正是整个英国为世界呈现出的绅士幽默,是不列颠的特色象征。这是导演的创意,更是开幕式的一处妙笔,妙就妙在导演用憨豆隐喻幽默,用幽默表意英国。

这样的一个技巧运用在影视创作中并不为奇。隐喻,是一种功能性的影视视听语言,是指将物体塑造得符合美感并在影片的逻辑里有象征意义。

隐喻不仅是电影人的一种创作手段,也一直是哲学家、修辞学家和语言学家研究的对象。隐喻不仅可以反映传播者的思想理念,而且还可以构建一定的观念或现实,影响受众对于世界的感知和认识。所以,从这个角度来看,隐喻本质上是一种认知手段和思维方式。而这种手段和方式运用在新闻叙事中,不仅反映了作者的潜在意识形态,也影响了受众的思维和话语。

简单来讲,隐喻就是通过一个事物来理解和体验另一个事物。受众可以通过隐喻理解抽象概念和复杂状况。这就如同数学中的"映射",二者间形成某种相互构建的关系。

在新闻叙事中,一个词语,一个句子,乃至一个段落都可以包含很多概念隐喻。这些隐喻的表意来自人们对日常生活经验的积累。这些积累作为人们与特定的经历或现象相关的背景知识的一部分储存于记忆中,在理解隐喻的过程中自动提取。可见,隐喻是从一个比较熟悉的、具体的、易于理解的始源域(喻体),映射到一个不太熟悉的、抽象的、较难理解的目标域(本体)。通过跨域映射,受众用自己熟悉的认知域来认识不熟悉的认知域,以达到对客观世界的认识。因此在新闻叙事时,要选择受众熟悉的认知概念来进行隐喻,这样才会达到不言自明的效果。

付新华逐光而去,趟过一片灌木和泥泞,视野随着一条小路开阔起来。两行荧光在跟前延伸,仿佛从天而降。他停住脚步,将捕虫网举向天空,这个背影让人想起达尔文或堂吉诃德。

2009年7月9日,《南方周末》刊文《寻萤记》。一位年轻的中国生物学家付新华,孤独地寻找并试图保护一种被现代工业文明"猎杀"而徘徊在灭亡边缘的昆虫——萤火虫。萤火虫作为公认的环境指示物种,它的消退预示着潜藏的生态危机。在漫长的9年时间里,付新华穿行于野外丛林,踏遍大半个中国,寻找萤火虫的踪迹。而萤火虫的消失所预示的生态危机并没有引起人们的重视,随它一起忽视的还有萤火虫的科技价值——生物发光技术。

在文中,作者以英国生物学家达尔文和文艺复兴时期现实主义作品中的人物堂吉诃德隐喻付新华,让受众一方面对这个研究冷僻专业的学者有了一个身份上的初步认识,同时也让受众对付新华所持有的科学态度有了更深刻的理解——永远前进的形象。

达尔文和堂吉诃德都可谓是公众人物,作者以受众知晓且易于理解的人物身份映射文中的主人公,给主人公贴上了具体的特质标签,给受众留下遐想的空间。

隐喻可以影响人们的感知,隐喻的使用不仅可以反映传播者的思想,而且可以加固体现传播者既定的思维模式,形成受众对同一事物的不同考察角度。

欢迎来到中国最富裕的村庄。

华西村,江苏省东部0.92平方公里多岩石土壤上创建的村庄,成立于1961年。这个刚刚在10月大肆庆祝成立50周年的村庄,在老书记吴仁宝的运作下,利用长期政治正确打造的典型形象,获得了官方的高度认可,撬动了庞大的政治经济资源,使得华西村成为天下第一村庄,走出了一条无法复制的独特发展轨迹。

从上海出发,驱车100多公里,你就可以到达这个魔幻村庄:

中央广场的高音喇叭里,每小时都震耳欲聋地播放着一个声音:"如果你想看到一个奇迹,请来华西"。

看到这个高音大喇叭,你想到了什么?这样的场景是不是似曾相识?这篇《华西村的秘密》所展现的叙事方式正体现了现代新闻的一个重要理念:叙事不仅要呈现现实,更要赋予事实以意义和见解。这个隐喻式的开头完美做到了这一点。

当然,在新闻叙事中,隐喻能形成不同的比喻表达式,但无论哪一种表达式,作者都是在认识上把喻体的事物看作是本体的事物,即"甲是乙"。然而,在逻辑上,"甲是乙"共有三种表达关系:一是等同关系,二是包含关系,三是属性关系。只有第三种"属性关系"才是隐喻的表达式,这在新闻叙事中是要特别注意的。

新闻叙事中的景别构成

写作是以文字还原新闻事实,摄像是以画面重构故事现场。虽然二者在表达时使用的是各自的手法,但在受众眼中产生的效果却有异曲同工之处,这就是景别的构成。

景别,在影视视听语言中,定义为被摄体在画面中呈现的大小。直观上看,也就是取景区域、画面范围大小的不同。

景别一般分为大远景、远景、全景、中景、中近景、近景、特写、大特写等种类。但最常用的是远景、全景、中景和特写这四种景别,这也是常常借用在新闻采写中用以表达叙事、抒情等功能的景别构成方法。需要指出的是,特写在新闻叙事的借用中较为独特,在新闻报道体裁的分类中,新闻特写是作为一种独有的新闻报道体裁位列其中的。可见,特写不仅是新闻中常用来借鉴的叙事方式,更是符合新闻内容和形式的需要而独具叙事功能的一种表达形式。因此,在此文中,我们将主要介绍远景、全景和中景三种景别构成在新闻叙事中的作用,而不展开阐述特写在新闻叙事中的独特魅力。

1. 远景

远景用来表现环境、空间、景观、气势、场景等的宏大,属于超常规视点的景别,展现受众本人难以看到的新视点。

2011年春节,大年初一,中俄界河黑龙江千里冰封,像一条洁白的素练,静静地横卧在黑土地上。

　　这天,边城呼玛县汉族、蒙古族、满族、鄂伦春族、鄂温克族、朝鲜族、俄罗斯族等10多个民族的数百名群众来到江边,祭奠一名共和国边防士兵……。

　　……

　　天空中,簌簌白雪,洒向山岭,洒向大江,洒向江边一块石碑。

　　石碑上刻着:"黑龙江省军区边防某团三连下士郐忠利,蒙古族。2009年8月9日,为抢救落水群众,在这里壮烈牺牲,时年23岁"。

　　大江无言。冰封之下,江水浩荡,带不走人们的绵绵思念……。

——《滔滔大江颂英雄》(《解放军报》2011年2月24日)

分析:

　　远景适用于交代背景,展示事件的规模和气氛,表现多层次的景物。在新闻叙事中,一般用于文章的开头和结尾。开头需要交代大环境,将受众的情绪慢慢引入正文,而结尾时是因为故事结束需要将受众带出,远景的宽阔意味着情绪的超脱。

　　《滔滔大江颂英雄》的开篇正是以远景引入,黑龙江像一条洁白的素练,静静地横卧在黑土地上;簌簌白雪,洒向山岭,洒向大江。大江、大山、白雪,这些交织在天与地间的景物层次分明地展现在受众眼前。而人物处于画面的远端,强调空间的具体感,信息交代更明确。最后一段"大江无言。冰封之下,江水浩荡,带不走人们的绵绵思念……"是对下文具体场景的介入,情绪表现超脱。

　　在仪征至南通一线渡江的东路解放军,在21日晚至22日拂晓,一夜间就渡过了约30万人。渡江时,北岸解放军的成千门大炮同时向南岸猛烈轰击,炮火映红了整个江面……自贵池至彭泽间渡江的西路解放军,22 日已占领南岸沿江 200 里阵地,自马当以东渡江的解放军攻占黄山、香口等要点,并向纵深发展。当各部渡江时,全体指战员莫不兴奋非常。某部登船时,军乐齐鸣,出发信号起时,各船如箭飞驶,仅经 8 分至 18 分钟即抵达南岸。首先到达的各部,纷纷发出登陆信号,并扬起绣着"打过长江去,解放全中国"的大红旗。

——《雄狮百万勇猛渡江前进 南下江阴要塞北克安庆》(新华社 1949 年 4 月 23 日)

分析:

这是气势恢宏的战争场面,采用远景的描述方式使还原的现场气氛和规模得以放大。而人物在画面中占的比例很小,细节、状态、表情不被呈现,只基本明确了人物所处的地理概念,给受众留下自由的感知空间。远景景别的构图常常用在"史诗片"新闻事件再现的叙事中。

那已经不能称之为"路"了。连日的大雨,把山路变成了沼泽地,每踩一步,大半只脚都会陷进泥浆里。无数从山上滚落的磨盘大的石头,在人们面前堆成一座座小山。

救援者几乎每人都背着 30 斤重的救援物品,在烂泥浆和乱石堆中穿行。他们一边要躲避山上不时滚下的足球大小的碎石,一边要防止一脚踏空。在脚边十余米深的地方,就是湍急的岷江。那是雪山融化后流下的雪水,当地人说,即便是大夏天,一个人掉下去,"五分钟就冻得没救了"。

——《回家》(《中国青年报》2012 年 5 月 28 日)

分析:

汶川大地震留给人们的悲痛是巨大的,在自然灾害面前人类是显得那么渺小。连日的大雨把山路变成了沼泽地,无数从山上滚落的大石头在人们面前堆成了一座座小山。人们要在这烂泥浆和乱石中穿行,还要躲避从山上滚下的碎石。这一切,都让人深深感到陷入绝境而无力自拔。

远景式的描述显示了人物的渺小,刻意将人物置于故事发生的大环境中,反衬人物的困境。利用远景抒发情感、渲染气势的功能,将人物内心复杂的情感挣扎包含在远景景别所制造出的难以言说的情绪空间里,留给受众以想象的余地。

2. 全景

全景是拍摄人物全身形象或者场景全貌的画面,体现事物和人物形象的完整性。全景景别既能展示人物的形状、动作,又能带出人物所处的环境,叙事信息比较丰富。

> 有一天,王卫站在镜子前面,他看到了这么一个人:作为一个男人,他算得上年轻,满打满算也不过才刚到40岁。在同龄人里,他算不上有多起眼。虽然个子很高,总有一米八上下,但他的长相和衣着都显得过于朴素。他留着简单的平头,脸庞瘦削,颧骨突出,皮肤因为早年间的操劳和后来的户外运动显得黝黑粗糙。他的穿着不怎么讲究,一件普通的衬衣就能出门。他不怎么说话,沉默的时候显得更加严肃,一幅心事重重的样子。
>
> ——《寻找王卫》(《企业家杂志》2011年3月)

分析:

这是一个极具画面感的人物全景。看到文字,受众就可以想象出一个男人照镜子的情景。在全景塑造的空间环境中,人物形象突出,形体表现明确,能够牢牢吸引住受众的眼球随着人物的位置变化而变化,发现新视点,同时也拓展了叙事的表现力。

祭奠接近尾声,蜡烛都已熄灭,但人群迟迟不愿散去,孩子、老人,不认识的、曾经相识的都在一起。他们对扛着摄像机、记录这一切的媒体工作者,轻轻地递过一瓶水,轻声地说谢谢。多么平常的声音,此时此刻,却让年轻的摄像记者感动了。

镜头请不要离开,还有动人的一幕:人群散去,几名"90后"学生蹲下去,用硬币和纸巾清理地上的蜡烛油。他们要还这个城以"干净",正如他们轻轻地来。

——《最优雅的祭奠》(《中国青年报》2011年7月27日)

分析:

2011年7月25日,人们自发聚集在温州世纪广场,祭奠"7·23"甬温线特大铁路交通事故中的遇难者。在这里,没有杂乱无序的人流,没有撕心裂肺的哭声,有的只是在集体哀恸中公民精神的成长。

这是一个介绍基本场景的全景式镜头,客观描述了祭奠的尾声。作者不断把整个场面记录下来,把一切可变的东西都包含了进去。叙事、描写、交代、说明,全景所具有的描述性和客观性的特点在作者的笔下全部展现。

3. 中景

中景在影视语言中是一种展现场景局部或人物膝盖以上部分的景别。中景既能看到人物的部分面部表情,又能看到部分身体动作与姿态。在新闻叙事中,中景应用于表现人与人、人与物之间的行动、交流,生动展现人物的动作、姿态。

"如果将来中法交战,你会为谁而战?"桌子一端,一名戴着贝蕾的法国军人提问。"我会选择当逃兵。如果我背叛中国,有一天我也会背叛法国。"桌子另一端,一名20岁出头的黄皮肤年轻人用流利的法语回答。年轻人的简历显示,他来自中国天津,在法留学四年。

站在旁边的张明俊不动声色地笑了。这一幕和 9 年前的自己几乎一模一样。

——《为法国作战的中国人》《南方周末》2008 年 11 月 13 日

分析：

看完文字，脑海中肯定已经有了这样一幅场景：法国军人与中国年轻人相对而坐于桌子的两端，张俊明位于二者中间，站在房间的角落里笑而不语。这样的一个中景，既照顾到了每个人物的动作姿态，也带出来了人物活动的环境。

中景是表意功能相对简单而又极其明确的景别，主要用于展现人物的姿态与行动。中景式叙事是一个能够制造交流感的叙事方式，叙事信息明确而清晰，提升人与人、人与物之间互动的重要性。同时，中景式叙事也是一种具有纪录感的叙事方式，这种景别的叙事能力会将现场环境与人物动作交代得更清楚。

新闻叙事纪录性美学的主观构建

汉朝的刘向在《说苑·政理》中说:"夫耳闻之,不如目见之;目见之,不如足践之。"我们常用"耳听为虚,眼见为实"来形容亲眼看见的比听说的要真实可靠。所以,在电影诞生之后,人类便善于以光和声的形式来记录生活的真实图景。当这些图景再直接呈现在观众面前时,就充满了令人信服的真实感。因此,纪录性成为了电影艺术的重要美学特征之一。

但我们所熟悉的文字则缺乏影像由纪录性带来的具体呈现性和直观性,所以我们才会说"一千个读者就会有一千个哈姆雷特"。我们在电影中看到的人物形象,往往同我们看过书中文字后在脑海中生成的人物形象差距甚远。毕竟,影像是光和声的记录,同被记录物具有相同的形象。那是不是就能说我们的新闻叙事没有纪录性的美学特点呢?

当然不是。新闻报道的最基本要求就是真实客观,它应该是最具有纪录性特点的表达方式。为了达到这种要求,有时我们的新闻叙事已经到了近乎苛刻的地步——不能发表议论,不能抒发情感,慎用各种形容词,逐字逐句反复核实推敲……。

但是这些被视为神圣而经典的条款是否就真的能还原新闻事实,真的能再现事件现场? 其实,纪录性不等于纯客观。单纯地记述新闻事件并不能让受众真正体会到故事背后的深层含义,这仅是无限接近事实的真实性。

相反,如果在新闻叙事中点缀一些"主观性"的特殊技巧,文章的纪录性美学特征会更明显,阅读效果也会更好。

我是被这样一条消息击中的:"两位重度角膜炎患者重见光明;两位尿毒症患者有了新的肾脏;一位肝硬化患者有了生的希望,这些幸运,都来自一位因车祸去世的年仅22岁的湖北武汉大学生。他的父母忍痛捐出他的器官,他们相信,通过这样的方式,儿子就还活着,一直活着……。"

这个故事催促着我启程。第二天,6月11日,我从北京到达武汉,试图找到逝者父母。但武汉红十字会的工作人员在听说我的采访要求后却表现得很为难,这对夫妇并不想面对媒体,已经拒绝了所有采访,甚至当获取器官手术进行时有人带着相机混入现场,闪光灯一闪,都被他们赶了出去。最后,我辗转从这家人的亲戚那里要到了一个固定电话号码。

他们生活在距离武汉150多公里的荆门市京山县。我在两场暴雨间短暂的空当中到达京山,晚上8点,拨通了那部电话。

"没什么可说的,我们只是做了一点很平凡的事,请你们不要来打扰我们的生活"!父亲张天锐接听了电话,他嗓门很大,声音听上去有些愤怒。

我反复地向他说明来意,但他都毫不犹豫地拒绝了。可当我告诉他,我只比他的儿子大3岁时,他沉默了一阵。

我说:"别把我当成记者,就当成您儿子的同学吧"。

他捂住话筒,似乎是和身边的妻子商量了几句,然后,像是下了很大的决心,"那你过来吧"。

新闻报道一般是采用第三人称进行叙述的,新闻的客观性要求记者不要把自己的个人意见写进稿件中,受众想知道的是文中主人公的情况。但在有些特定的情境中,如果用第一人称叙事能够让受众更深刻地理解作者的所见所闻和感受,有助于作者帮助受众理解新闻事件和新闻人物,那也是可用第一人称叙事的。

在《中国青年报》刊发的这篇《生命的礼物》中,作者自身直接介入文章,以自己的经历作为叙事主线,触发了这篇报道的写作流程。当作者进入新闻现场后,整个故事也呈现出了富有戏剧性的细节,而这些细节在一定程度上极大丰富了新闻人物的性格,凸显了事件的个性,起到了不可替代的作用。

当记者已经成为一名事件的亲历者后,他本身就成了知情者,成为新闻事实材料的一部分。所以,当这"一部分"在不破坏报道本身客观公正的前提下,会给受众带来更加真实可信的感觉,提升了文本纪实性的美感。

关于以第一人称进行新闻叙事的特点,笔者已在《新闻叙事中的"你·我·他"》一文中有详细介绍,这里不再赘述。但除了以第一人称进行叙事这一技巧来构建文本的纪实性外,还可以通过作者的主观感受和评论来构建。

从新闻报道的客观原则要求来看,记者一般不能发表评论,更不能在报道中夹杂个人主观感受,以免影响受众对新闻事实的基本判断。

但是,如果记者的感受和评论能够让报道显得更有力量,能够充分支撑事实,那就应该鲜明地亮出来。实际中,受众在通过事实做出判断的同时也愿意倾听他人的意见。这样不仅可以让故事的节奏感更强,也增加了整个文本的叙事渗透力。

我在去采访肖宇强的路上。

福建连江县的山路弯弯又崎岖，吉普车上下颠着。一路上，南京军区某海防旅派来陪我的林金春干事都在唠叨肖宇强的情况。

听着小林的讲述，我将信将疑。肖宇强这个老兵的形象，此刻在我心里仍是有点凌空架虚的味道。车子一路开到一个海边小镇，船队就驻在这儿。带着腥味的海风拍打着我们的脸。路边到处都是渔网、浮标、等着修缮的小船、混着海蛎壳贝壳的沙堆。路上来往的都是面色黧黑的渔夫和趿拉着拖鞋的卖鱼女。船队不大，坐落在临海山上，一座楼、一个码头、几艘艇。就是在这弹丸之地里，肖宇强度过了他人生最风华正茂的19个年头。

肖宇强来了。中等身材，身着迷彩，面容刚毅敦厚，笑起来灿烂，严肃起来也挺威严。只有在他面部表情的动静之间，你才能隐隐感受到他的独特气质。这是种军旅生活已完全融化进骨血里的气质。这气质只有真正的老兵才能拥有，不显赫、不权贵，生命的触须却早已在年深日久的岁月中四处蔓延、扎根大地，成为一个单位的灵魂人物。百闻不如一见，世事确实如此。我和肖宇强这么面对面坐着，甚至还没等他开口，我就已经感动了。人的脸是不会骗人的，他那张被风霜雕刻得粗糙的脸，就是个动人的故事。

我打开笔记本，对他笑着说道："老肖，开始吧"。

这是《解放军报》刊登的人物纪实文章《平凡青春照碧海》中开篇的一段文字。从这段文字中我们可以看出，作者亲身感受到的路况，在采访路上看到的一幕幕景象，以及他对主人公肖宇强的直观印象和评述都是真实的心灵感受，更是第一手的事实材料，而不是直抒胸臆的抒情和议论。所以说，记者的感受和评论最佳状态应该来自对新闻事实和新闻人物的最直接的真实感受和体验。这种亲历式的采写方式也正是新闻叙事纪实性美学的特征之一。

当然,新闻以"内容为王",再多再好的写作技巧也是为新闻事实本身服务的,只是这种技巧会对新闻事实如何展现和展现的效果有很大的影响。所以说,要达到纪实性的美感一定要求在内容和形式上相适统一,这也是写作技巧要更好地适应新闻事件需要所决定的。

文字同样可以达到影像的纪实性效果,这自然不是对事实的简单复制,更多的是取决于新闻叙事的基本原则,取决于作者和读者对文本的再加工。

新闻叙事的色彩情感

在影视制作中,创作者会非常注重色彩的运用。因为有了色彩,画面可以负载更多的信息。而且作为一种重要的造型元素,色彩不仅是形象的外衣,而且能够增加造型的表现力,感染观众的情绪。

在新闻叙事中,色彩同样可以在情节的发展中突出人物的性格、处境和情绪,表现某种象征理念。不同的色彩,在特定的语境中,往往具有特定的内涵——叙事、表意、抒情,都会给受众带来特定的情绪反应。

一般认为某些色系,比如红色和黄色象征热情、温暖;而某些色系,比如蓝色和绿色则代表冷静、清凉。通常暖色调使人和物有突出、前进的感觉,冷色调则代表着安静、孤独、隐蔽、后退和收缩的心理联想。

2012年5月10日,《解放军报》刊登文章《在这片精神高地上》。文中以《高原迎来新一代"高原红"》为小标题讲述了新一代士兵不仅延续了老一代西藏军人的外部特征,更传承了他们坚守高原、卫国戍边的精神血脉。作者在文中多次写到"高原红",不仅因为这是印在西藏军人身上的精神烙印,更是因为这种红色刻画了新一代士兵生机勃发的意象。

红色是火的颜色、太阳的颜色、鲜血的颜色,表达温暖、热烈、热情、旺盛、昂扬、亢奋、激情等,是最醒目的色彩,具有很强的视觉穿透力。而在中国的文化语境中,红色还代表着革命与战争。作者以"高原红"为切入点展现新时期高原军人的形象,让读者在行文的起伏间充分感受了革命军人的生命激情四射的活力。

与红色这一类的暖色调相反,冷色调在新闻叙事中则更显冷静与平实。

陈爱莲还记得1970年的那个冬日。

阳光软软地照着。照例,她独自一人来到操场练功。不一会儿,她感到身体有些发热,额头发潮,举手擦汗之际,猛一抬头,忽然看到对面小山坡上蹲着一群胡须发白的老农,口里喷着蓝色的烟雾,目光朝向她,小声地议论着。顿时,心绪难平——陈爱莲,作为冬日里的一道风景,"装饰了别人的梦"。

陈爱莲是著名的舞蹈表演艺术家,是中国主演舞剧最多的舞蹈家。"文革"期间,陈爱莲受到冲击,被送到张家口劳动改造三年。在这三年中,陈爱莲依旧日复一日勤奋练功。她知道,终归有一天,她还是要跳舞的。在《光明日报》刊登的这篇《陈爱莲:穿越时光的舞者》中,作者用一团"蓝色的烟雾"映衬了那个冬日的寒冷。当然,这团蓝色除了给人以寒冷的感觉外,更让读者感到了冷漠、忧郁和绝望。"她感到身体有些发热,额头发潮",这与"蓝色的烟雾"形成对比,更突出了陈爱莲内心的绝望与孤独,她并不愿"装饰了别人的梦"。受众也在这一冷色调的叙事中深深体会到了主人公的痛苦与挣扎。

不过,作为大海与天空的颜色,蓝色也可以表达自由。在《解放军报》刊登的文章《中国空军的蓝天劲舞》中,作者多次提及"中国蓝天仪仗队"在天空中演绎出的一曲曲华美震撼的蓝天之舞,体现了八一飞行表演队对党和人民的忠诚,对祖国和军队的忠诚,也表达了空军官兵对国防事业的热爱,对和平自由的向往。

从上文我们看出，色彩可以赋予叙事某种特定的整体情绪氛围，构成新闻文本中重要的抒情手段。一般而言，作者对整个新闻事件有了宏观的思考和全局的把握后，就会为全篇定下一个色彩基调。这种色彩所代表的情绪一旦贯穿整个文本，就会产生统一的、和新闻主题吻合的情感效果。这就是新闻叙事中的"贯穿色"，它并不一定在文本中出现多次，但却贯穿全文，能够引起受众的特殊注意，推动故事情节的发展，起到强调和呼应的作用。

"贯穿色"通常是比较鲜明、单纯的色彩，有比较明确的象征意义。

《光明日报》2012年2月23日刊发的文章《新时代的"活雷锋"》中，主人公刘真茂穿着一身老式绿军装巡山护林，一干就是30年，这身绿色和大山的绿色早已深深融为一体。而他守护的这块生态绿洲同时也是一块社会主义核心价值的精神绿洲。

绿色给人以安宁、稳定、和平的感觉，又意味着勃勃的生机与希望。作者将狮子口大山茂密的森林作为讲述刘真茂30年故事的绿色背景贯穿全文，既表现了主人公对山林的爱，对生命的爱，也象征着这种雷锋精神的常青与永驻。

其实，色彩作用于人的情感是迅捷而富有冲击力的，可以从情绪上感染受众。在新闻叙事中，为了突出人物造型，表现主要人物在特定场合中的情绪色彩，作者可以对人物或人物的某一部分、局部环境进行特殊的色彩设置，使该色彩与背景色之间形成明显的色彩对比关系，以达到特定的表意功能。

在皖北平原上沉睡52年后，这个坟包变得有些不同。

安徽省太和县李兴镇南谢庄，村北边的第四个坟包前，新立起一块墓碑，刻着"恩师谢玉璧 师母王兴荣之墓"。立碑那天，阳光下浅绿色的麦田里，一群白发苍苍的老人发出此起彼伏而又压抑的哭声。

在谢玉璧去世 52 年后,他的学生为他立起了一块墓碑。而这个已经消失了半个世纪的小学老师,在这座墓碑立起后,又重新进入人们的视线,他"爱生如子"的一生让他的学生"怎么也忘不掉"。

作者在《立在灵魂里的碑》(《中国青年报》2011 年 3 月 2 日)中采取了色彩对比的表意方式,将一群白发苍苍的老人置身在阳光下浅绿色的麦田里。白色的头发与金色的阳光、绿色的麦田形成极具冲击力的视觉对比,强烈渲染了时空跨度和无以言表的情感变化——任凭世事变迁(白发),最终归于田园诗一般安宁和谐的绿色世界(阳光下浅绿色的麦田),历史永远刻在了记忆和灵魂里。

当然,对比最强烈的色彩还属黑白两色。这两色既不同于暖色,也不属于冷色,常称为消色。消色的个性不明显,它既可与冷色搭配,也可以同暖色搭配,如果在叙事中处理得当,可起到画龙点睛的效果。

消色在新闻文本中并不见得一定要直接写明色彩。例如,在叙事中建立时间意义时,常用黑白色表现过去,用彩色表现现在,这样处理是基于大部分人对于色彩的默认,黑白色给人陈旧和久远的感觉。

步入百年的中华书局,这几天,员工们的感觉似乎有些不一样。大家从中华书局创办者陆费逵的铜像前走过,不禁想起 2009 年 4 月 8 日。

记得那天,中华书局的同仁们挤坐在 510 那间不大的会议室里——老者,雪染双鬓;少者,风华正茂。简朴的房间因冯其庸、袁行霈等当代著名学者的到来,蓬荜生辉。陆费逵铜像揭幕仪式,与聘请六位先生为书局学术顾问的仪式同时举行,四位未到会的受聘者,为学界大家季羡林、何兹全、任继愈和饶宗颐。他们的名字,如雷贯耳。

这是中华书局内最普通的一幅场景,在铜像前走过的员工掠过的是百年沧桑的历史。作者将镜头一转,透过时间的维度,聚焦在那间不大的会议室里。《为了"立国根本"》(《光明日报》2012年3月21日)开篇的这两段记叙一个是现在时,一个是过去时。没有色彩的描述,却鲜明地让受众感到彩色与黑白的转换,让读者的思绪重回历史的记忆中。这正是根据心理和现实为依据建立起的时间意义。

新闻叙事的焦点与景深

为了使影像具有清晰的轮廓与真实的质感,我们在摄像时要让从物体不同部分射出的光线通过镜头后聚集在底片的一个点上,这个点就是焦点。在新闻叙事中,叙事者也会通过聚焦而形成叙事焦点,引导受众接受新闻事实,从而控制叙事的节奏和频率。

新闻叙事中的焦点即新闻事实的着眼点,是传者和受众的视角和视点,是我们看问题的聚焦点。对于一个新闻事件,观察点不同,受众获得的信息就会不同,获得的体会也自然不同。所以说,记者对新闻事件的聚焦过程引导着受众的整个接受过程。

新闻叙事的聚焦一般分为两类,内聚焦和外聚焦。内聚焦指新闻事件中的人物起到聚焦引导者的作用,这种聚焦往往利用新闻人物的引语,增强新闻事件的真实性,所以产生的效果就是现场感强,说服力强。外聚焦是指新闻作者起到聚焦者的作用,跳出文本外以旁观者的姿态来讲述事实,客观公正的效果更明显。

无论内聚焦还是外聚焦,都是新闻叙事的一种策略。聚焦过程就是对新闻各元素的选择、整合、编排的过程,目的只有一个——突出主题。这也就是为什么我们常说,新闻是聚光灯,要将受众的视线引向作者想要表达的方向。

当然,聚焦是为了对焦,为了"清晰成像",为了让信息从作者那里完整地传递到受众那里。但在实际的新闻传播过程中,记者的叙事意图在有的情况下并不能完全传递给受众(有些是受众不能很好领会的),这就造成了新闻信息的部分流失,也就是所谓的"失焦"。失焦并不全是在信息传播过程中产生的,有的时候受众对新闻文本的筛选阅读必然会忽视新闻细节,这样也会造成叙事失焦。

简单而言,失焦就是受众的观察点落在了传播者的焦点之外,二者的关注点发生错位。当受众的关注点转移到另一个层面上之后,就脱离了叙事者的控制,也就意味着叙事的失败。而这种情况在新闻传播中是时有发生的,因为一篇新闻作品包括标题、开头、主体、结尾、背景等多个元素,这些元素都可以构成叙事焦点。相应的,受众对这些元素的关注度也不同。叙事者一般会选择其中最想让受众关注的元素作为传播的叙事焦点,并且在行文过程中加以修饰以增强该元素的感染性,最终来吸引受众。但在信息传递过程中,当叙事者的焦点落在甲元素时,受众的焦点可能落在了乙元素上,这时就不可避免地发生了叙事失焦现象。

叙事失焦不是信息传递者主观想要发生的现象,但却是受众在接受过程中客观存在的一种现象。这种现象的发生原因也是复杂而多变的。这也是为什么面对同一篇新闻作品,有人认为好,有人却认为不好,有人认为这点好,而有人却认为那点好。

其实,在一篇文本中,有时会有多个叙事焦点,尤其是在深度报道中比较常见(在特稿中,这一点更为明显)。在这样的报道中,记者全方位地审视新闻事件的前因后果,用全知视角去关注事件的发生、发展、高潮和结尾,这就自然出现了多重焦点。每一个焦点都给受众提供了一个可选择关注的空间,受众可以选择关注这个,也可以选择关注那个。

说到这里,自然就衍生出两个概念,一个是变焦,一个是景深。

一篇文章中存在多个焦点，当信息在不同焦点间变换时，或当受众的关注点在不停变换时，叙事就发生了变焦。变焦产生了不同的叙事节奏和频率，呈现了不同的新闻事实，受众看到的"景深"就会不同。

我们试举一例。2013年7月11日，《人民日报》、《光明日报》和《解放军报》都在头版头条刊发了，新疆吐鲁番市托克逊县夏乡巴扎尔村村民哈力克·买买提一家抚养汉族孩子陶辉二十二载，陶辉成长为新疆军区某部副连职排长后全力回馈维吾尔族家庭抚养恩情的感人故事。《解放军报》分别以"汉族孤儿有了维吾尔族新家"、"养父母最疼爱的汉族巴郎"和"汉族军官成了维吾尔族乡亲的骄傲"为小标题在全文中变换了三个叙事焦点，分别讲述了哈力克·买买提夫妇收养陶辉、培养陶辉、陶辉成长为共和国军官后反哺维吾尔族亲人的新闻事实。

这三个焦点形成了三个不同层次的景深，由浅入深。文章一开始讲述哈力克·买买提夫妇收养陶辉的来龙去脉，将新闻事实的清晰度保持在可控范围内，只将"收养"这一信息对焦，吸引观众注视，表意单一。随后，叙事逐渐"缩短焦距"，拉长景深，渐渐呈现哈力克·买买提夫妇对陶辉的爱以及陶辉对维吾尔族亲人的感恩，使新闻事件的"前景"和"背景"之间的较大范围都在焦距内，通过多重对焦让信息同时包含在各个层面，丰富了表意内容。

通过比较三家媒体对该事件的报道，我们也可以发现，每一家的"焦点"也各有侧重。《人民日报》站在"哈力克·买买提"这一人物的焦点上，《光明日报》站在"催生民族团结种子"这一焦点上，《解放军报》站在"陶辉"本人这一焦点上。传播者对同一新闻事件关注的焦点不同，受众的解读也就自然不同。

可见，在新闻叙事中，"焦点和景深"的作用非常重要。浅景深只把某件新闻事实对焦清楚，可以用于指向明确的叙事，就像是导演在不断地引导观众去观看、去注视。相反，深景深在一篇文本中同时呈现不同的新闻信息，可以表现复杂、丰富的叙事内涵。

新闻叙事的剪辑原则

我们知道,早期电影在形态上十分类似于戏剧,一个长镜头就可以完成一部电影的拍摄。当时的影片完全没有剪辑,制作电影的方式一般都是把摄像机放在一个固定的位置上进行拍摄,一直到胶卷用完为止。此时,摄像机的作用仅仅是代替观众,寻找一个固定的点进行连续的观看。而影片的空间是固定的,时间是实时的。

1896年,电影发明者卢米埃尔的朋友梅里埃在街上拍摄实景时,摄像机由于机械故障突然停机,修好后又重新开始拍摄,结果洗印出来的影像却出现一种意料不到的效果,原来正在镜头里的马车突然不见了,取而代之的是一辆灵车。这就是电影剪辑史上的一个著名事件:马车变灵柩事件。而这偶然的拍摄事故也被作为一种电影表现的手法——"停机再拍",被广泛运用,这就是最初意义上的电影剪辑。

当然,停机再拍的意义绝非仅是创造视觉奇观,而是创造了一个全新的电影时间。在停机再拍的段落里,时间和我们平时经历的不一样了,跳跃并缩短了,它不再是实时的了,而是经过了加工,不再是现实中的时间,而仅仅是电影里的时间了。

那么剪辑的意义是什么?表面看,它使电影远离了舞台戏剧叙事的传统,而实质上,电影从此进入更加自由的艺术表达空间,形成了自己独特的叙事美学。

其实,新闻叙事中也同样存在着剪辑,而且这种剪辑业已有百余年的历史。早期的新闻叙事基本按照时间顺序来进行,直到美国南北战争时期,这种新闻的叙事顺序才被打破。那时,战地记者已经开始通过电报给报社传稿,但因为电报电路时常不稳定,所以经常是稿件还没有传完电报就断了。而对于报社的编辑来讲,他们收到的部分只提供了战事的开始,却无法知道结果如何——而这恰恰是最重要的——是受众最想知道的。于是,为了避免电报突然中断影响稿件的传送,记者将战事的结果放在文章开头先传回报社,这就出现了我们后来常用的新闻结构——倒金字塔结构。当然,今天我们再举这个新闻史的例子时,常常是用来讲解新闻结构的形式。但其实从这时起,新闻也开始进入到剪辑时代。

新闻的剪辑当然没有电影的剪辑那么复杂,但同样也具备叙事和表意功能。这里需要借鉴电影剪辑的一个概念就是剪辑点,我们把它引申到新闻叙事中来,称之为"叙事断点"。

叙事断点实质上是一种省略或空缺,这种省略或空缺可以是暂时的,也可以是永久的。暂时断点很像我们在前面文章中提到的延宕,通过叙事技巧让本该挑明的道理并不马上说出来,让它蓄势待发;而永久断点则是无法填补的空缺(这种情况往往也是不需要填补的)。

事实上,任何一个叙事文本都会有剪辑,都会有断点,因为我们不可能在有限的篇幅内还原一段在时空上和现实中完全等同的场景。而断点也是作者在新闻作品中需要安排的,以达到对叙事节奏和频率的控制。今天我们常跟报道员讲,写新闻要注重细节,要会以点带面,要选取不同的切入角度,等等,这些其实都是一种叙事断点的策略。

那"断"是为了什么?"断"不是单纯要缩减篇幅、减少叙述冗余,更是要

突出事件重点,达到言简意赅的效果,强化受众对事实的认识。例如:

> 2007年4月3日下午1时30分,依旧念叨"头很疼"的杨丽娟,携母静静地离开兰州东方大酒店,前往中川机场。她们将乘坐当日下午5时55分的航班前往北京,之后转道深圳赴香港。
>
> 与杨丽娟母女3月30日经广州飞抵兰州时,有多达10余人的"记者团"随行情形不同,此次杨氏母女离开,只有广东某媒体的两位记者陪同。
>
> 据杨丽娟讲,她们母女已经在兰州警方的关照下,"特事特办",拿到了再次赴港的签证。此次去北京,是因为有好心人要资助她们一笔费用,主要用于杨父的葬礼,"我要把爸爸带回来"。
>
> 10天前,杨丽娟之父杨勤冀举债随妻女赴香港求见女儿苦苦追寻了13年的香港巨星刘德华。3月25日,在华仔歌迷会见到华仔并与其合影,但在刘德华未能腾出时间专门与女儿交谈的情形下,68岁的杨勤冀于次日晨投身大海,被人发现时已经死亡。
>
> 此前,平生节俭的杨勤冀有生以来第一次和全家到麦当劳"好好吃了一顿",一人一个汉堡,但杨勤冀足足10多分钟没有动口吃。
>
> ——《谁导演了追星悲剧》(《中国青年报》2007年4月4日)

这段文字是以时间倒叙来呈现的,每一个时间点都形成了一个叙事断点。即使倒叙,并没有影响受众对事件的理解,反而带领受众一步步推进,还原现实。但更为重要的是,在每一个叙事时间里,作者都仅仅呈现了一个细节——"头很疼","有多达10余人的'记者团'随行","我要把爸爸带回来","杨勤冀足足10多分钟没有动口吃"。这些都是某段事件的一个细节,而对于这段事件来讲必定还有着无数的其他细节。把事件压缩为一个细节,通过暂时断点既把事情说清楚了,又让读者了解到了当时的特殊背景和气氛。

当然,这种叙事中的暂时断点也是新闻叙事剪辑的原则之一——连贯性剪辑。

在以连贯性叙事为目的的文本中(这种连贯性可以是顺序的,也可以是倒叙的),连续的时空是受众理解文本的基础,所以作品必须是由一系列连续的时空段落组成的。即使是不以连贯性叙事为目的的文本,一般而言也不可避免地在其中需要一些时空关系清晰的叙事段落。在这些段落里,时间看起来应该是连续的,或者空间看起来是同一的并且是封闭的,这种叙事剪辑原则就称为连贯性剪辑。

连贯性剪辑的目的只有一个,就是要在受众的心里创造一个合乎空间和时间逻辑的连续统一的时空,从而使受众在面对一个新闻事实时不感觉到混乱。而当受众对一个文本建立起时空的全部信息后,他就会全身心地投入到文本中,随着作者的思路找寻故事的渊源。

九年前,母亲三十五岁。

那一天,母亲将推到粮管所的小麦又推了回来:"国家不收农业税了,咱农民的日子越过越好!"母亲脸上漾起幸福的笑容。

母亲的话果然没错。那一年,国家开始进行农业补贴。从村委会把补贴领回的那一天,母亲格外开心,"虽然钱不多,但国家把咱放在心里。听电视上说,几千年了,这农民种地领钱还是头一回呢!"

六年前,母亲三十八岁。

那一天,我把收取学费的通知单带回了家。母亲看了之后大为惊讶,"怎么没有书本费和学杂费了?"那一年,国家免除农村地区义务教育的书本费和学杂费。母亲说:"义务教育真正成为了义务教育,以后会有越来越多的农村孩子享受国家的教育资源"。

三年前,母亲四十一岁。

那一年,父母盘算着给奶奶买台冰箱。奶奶拗不过父母:"买台便宜的凑合着用就行。"结果父亲买回一台海尔冰箱,奶奶心疼钱,埋怨父亲。父亲说:"现在买家电国家进行补贴,补贴后冰箱才1 500元,不贵"。母亲说:"党和国家牵挂着我们老百姓,老百姓的日子才越过越红火"。

今年,母亲四十四岁。

这一年,为响应社会主义新农村建设,村委会决定建集体楼房。自家原来的房子加上自家的土地,就能换到八十平方的单元楼,一套一百多平的敞亮新居一户只需要再缴纳三万块钱。有的老人腿脚不便,不适合在楼上居住,村委会就建老年公寓,老年人每月还领取老年津贴,真正做到了"老有所养、老有所依"。母亲说:"党和国家做的这一切,做到了老百姓的心坎儿里。就是这一下子就要做城里人——还真不习惯"!

母亲还说:"我还能再活四十年,我要看到真正消除地区差异、城乡差异的那一天。"说这话时,母亲笑得很淳朴、很诚恳,这是一位地地道道农民的心声。

这篇题为《母亲眼中的"好日子"》的文章通过四个显著的暂时断点(九年前,母亲三十五岁;六年前,母亲三十八岁;三年前,母亲四十一岁;今年,母亲四十四岁)在受众心里创造了一个完整的时空概念,成为全篇叙事的基础,引导受众全身心沉浸在文本中。

相对应的,另一个新闻叙事的剪辑原则为非连贯剪辑。虽然连贯性剪辑是重要的叙事策略,但非连贯剪辑同样可以创造独特的叙事美学风格。

15日晚,几位T70次乘客在北京的一个小型聚会上,乘客张亚东明显喝多了。他突然转向在座的一位并未经历此次惊险的女士,口齿不清地问:"你知道火车上的玻璃是什么样吗"?

那位女士还没来得及反应,他已拿起一只玻璃杯,突然向餐厅的窗户砸过去,"砰"的一声碎裂的响动。

"别砸了,地上都是玻璃碴子!"女士惊叫道。

"玻璃碴子"?满脸涨红的他吼道,"我告诉你,火车上就是这样"!

话音刚落,第二只玻璃杯从他手中再次飞向窗户。

当晚,餐厅的这面窗户共受到了4只杯子的袭击。所幸,只露出两个窟窿。

——《火车惊魂记(乘客版)》(《中国青年报》2006年4月19日)

2006年4月9日,一场百年罕见的沙尘暴袭击了从乌鲁木齐开往北京的T70次列车。列车迎风的车窗玻璃悉数被狂风卷起的石块击碎,车内温度骤然降至零摄氏度以下。在被困的数天数夜里,700多位乘客和乘务人员协力自救,最终与死神擦肩而过。由于作者不在灾难现场,于是她通过多方联系对散落在茫茫人海中的乘客进行了大海捞针般的搜寻并将他们集中在一起,开掘他们的记忆,再现现场。

这段文字是文章的结尾,作者跳出灾难本身,描写了采访旅客的一个细节——"当晚,餐厅的这面窗户共受到了4只杯子的袭击。所幸,只露出两个窟窿。"文章到此戛然而止,不仅让读者更直观地感受到这场灾难给旅客造成的心理冲击,更以一个永久断点为受众提供了一个无限心理补偿的维度,以非连贯的叙事剪辑为受众提供了掩卷沉思的意境。

新闻叙事中的听觉艺术·对白

在默片时代,放电影时,影院里总会有乐队、钢琴或唱片作为伴奏。直到1927年10月,影片《爵士歌王》的出现,才标志着有声电影的诞生。声音的出现给电影带来了一系列的变化,电影的现实也更具备了生活的逻辑,因为在其中增加了理性思维的运动——语言。

同样,在新闻叙事中,声音也是一个完整的表意系统,并且必不可少。一篇好的新闻作品如果没有"声音"这一元素的参与是不可能实现的,原因有二:一是新闻叙事经常会通过引语、拟声词等声音塑造人物形象,同时也实现作者的主观表达;二是新闻叙事常常利用声音作为推动故事发展的重要因素。如果在新闻叙事中没有"声音"的话,受众就很难理解新闻作品中人物的思想、感情和环境气氛。

一般来说,新闻叙事中的声音可分为直接引语、旁白、拟声词三类。其中,直接引语和旁白属于"人声",拟声词属于"音响"。

人声是指新闻人物在新闻作品中表达思想和喜怒哀乐等感情时所发出的各种声音,在所有的声音元素中,人声是最重要的。这是因为,人物是新闻叙事的主体,所有人物沟通交流的语言都是自我表达、传递信息的最基本方式,也是推进故事、营造氛围的最主要表现力。此外,人声还是塑造人物性格和表达作品主题最直接的表意元素,而这一点正是直接引语中"对白"的首要功能。

对白就是对话,是新闻叙事中人物之间进行交流的语言,是新闻文本中直接引语的重要表现形式。新闻叙事中的对白是对现实生活中对话的重现,常用来交代叙事情节、塑造人物形象、传达隐含思想。

1. 交代叙事情节

在新闻叙事中,受众通过对白的内容可以得知新闻故事的发展。《将军树》(《解放军报》2012年2月29日)讲述的是河北省军区原副司令员张连印退休后,回到家乡山西省大同市左云县张家场乡张家场村,花光所有积蓄义务植树改善家乡生态环境的事迹。当张连印带着老伴回到张家场后,乡亲们奔走相告,男女老少都来到张连印堂弟张连茂家来看望他。期间,张连印与张连茂的对话展现了张连印植树的决心,为下文的发展作下了铺垫。

   张姓在张家场村是大户,到了晚上,不出五服的同辈晚辈随便就凑了两桌。盘腿坐在炕头上,喝着家乡烧酒,吃着家乡莜面,说着地道的家乡话,张连印心里暖呼呼的。酒过三巡,菜过五味,张连印说:"在部队,我的官儿当到头了,但我今年才58岁,还不算老,身体也挺好,我不想在城里养老,想回老家做点事。"张连茂马上接过来说:"你到我矿上当顾问吧,就冲你的将军牌子,一年之后,我就让你成为百万富翁。"也有人提出让张连印到自己的企业上去当代理商,也开出了不菲的价码。张连印摇摇头:"这不是我回家的愿望。"接着又反问大家:"我们村里人吃的住的坐的花的都有了,你们说最缺什么吗?"一句话把大家都问愣了。张连印说:"缺树。青山不老树为本,河水长流林为源啊。为了让乡亲们免遭风沙之苦,我要回来种树。"张连茂马上提出了反对:"哥,你别发神经了,咱张家场祖祖辈辈都栽过树,你见栽活了几棵?你为啥要做那受累不讨好的事?"张连印说:"路在人走,事在人为嘛。愚公能移山,我们为什么不能栽树?"见张连印说话这样斩钉截铁,大家都沉默了。

2. 塑造人物形象

对白是塑造人物形象,展现人物性格的重要手段。《光明日报》2013年1月10日刊发的稿件《夏菊花:顶起人生的"碗"》,讲述了新中国第一代杂技表演艺术家夏菊花,从一名旧社会的"押子",到蜚声海内外的"杂技外交家",再到"九朝元老"的全国人大代表的大悲大喜、大沉大浮的人生际遇,也折射了时代嬗变的风雷激荡。文中在讲述夏菊花与"顶碗"这项"带给她荣誉,也带给她灾难,带给她悲欢离合,也带给她爱恨情仇"的技能如何结缘时,叙述了这样一段她与养母的对话:

> 有一天,养母捧着几只瓷碗来找夏菊花:"菊花,再不练新节目,我们就要被别人挤垮了!来,把这几只碗顶在头上,跑个圆场给我看看"。
> 夏菊花看着养母,愣了半天没说话。
> "怎么,不想练?"养母不高兴地问。
> "顶碗……"菊花小声嘀咕道,"这不是男人演的吗?"
> "男人能演,女人为啥不能演?"养母边说边将碗扣在菊花的头上。
> "我不演!"夏菊花躲闪开来,"一个女孩子,将碗顶在头上像男人那样满场跑,丑死了"!

在这段对白中,我们能够看出,夏菊花是倔强的,因为"顶碗"是男人演的,她不愿意挑战传统。夏菊花自己也没有想到,当初万般抵触的"顶碗",日后竟会成为她安身立命的根本。正是这种"倔强",使得她后来"突然惊醒过来,必须得练!"因为"没自己的绝活儿是站不住脚的"。

3. 传达隐含思想

新闻叙事中的对白通常会追求潜台词，就是语言背后隐含的意思。这也就是说，在语言的表层所指之后，还有一层隐含的更深的含义。具有潜台词的对白是富有张力和表现力的。

3个小时手术，记者站得腿酸脚麻，吴老竟无累意。

"今天难度是有的，但还是比较顺利。"吴老脱掉手术衣，对记者说。

然后坐到高脚凳上，两条小腿前后悠荡，一副童心未泯样。记者问他："您今后还要做多少个手术"？

"起码下一个没问题。"吴老幽默地回答。

——《目击吴孟超的第1861台手术》（《解放军报》2006年1月12日）

院士吴孟超，1960年成功完成中国第一例肝癌切除手术，所有的人都会为他半个世纪"披肝沥胆"所创造的辉煌业绩而惊叹。83岁高龄的他还亲自操刀，举世罕见，所以，这是一台难得一见的手术。而这样一台"难得"的手术结束后，记者和读者都会有疑问：吴孟超还能在手术台站多久？"起码下一个没问题。"看完吴孟超的回答，我们都会会心一笑的。这是一个确数，也是一个约数。从中我们可见，吴孟超的生命之树常青，医学之树也常青。这段文本准确把握了人物的语言节奏，以简洁、概括、具体的语言使人物的个性鲜明，体现了语言的简约美。

新闻叙事中的听觉艺术·旁白

在《新闻叙事中的听觉艺术·对白》一文中我们提到,对白是塑造人物性格和表达作品主题最直接的表意元素。而新闻叙事中的另一种声音——旁白,也可以直接展现人物性格和表达作品的主题,除此之外,旁白还可以直接表达作者的观点。

在影视作品中,旁白是最为客观的一种声音,是声源在画面以外的声音,是影视艺术中一种有效的表现手段。而在新闻叙事中,旁白又是指什么呢?它是不是一种纯客观的表达呢?

新闻叙事中,旁白分为广义和狭义两类。广义的旁白指新闻文本中除直接引语外的叙事语言,发出者既可以是新闻当事人,也可以是局外人(包括新闻知情者和记者)。狭义旁白是指以第一人称叙述的人物语言,发出者既可以是新闻当事人,也可以是记者本人。狭义的旁白往往是以一种客观的态度来展现新闻事实,所以会给受众带来一种理智、冷静的阅读体验。我们在本文中要做以分析的即为狭义旁白,下文简称为旁白,不再另作注释。

以新闻当事人为发出者的旁白,一般以叙述自身或与自身相关的人物的故事作为主要内容,交代新闻事实发生的时间、地点、人物、背景等。比如《我在感恩中成长》(《中国青年报》2011年12月16日)的开头,以主人公李乾坤的口吻开始讲述,介绍人物、讲述故事,回忆的基调从此奠定。

  我出生在河南商丘一个普通农家,和全国两亿贫困人口一样,我的家境十分贫寒。父亲因早年过度劳累,落下一身疾病,基本丧失了劳动能力,全家6口人,5亩薄田,只能靠母亲一人艰难持家,月收入不足300元。虽然我很羡慕有钱人舒适的生活,但我为拥有温暖的家感到十分欣慰。父母很疼爱我们兄妹,虽然没有可口的零食、时髦的衣服,但母亲竭尽所能给我们关爱。为了供我们上学,70岁的外公还坚持每天扎扫把,挑到集市上去卖,贴补我们家。

  需要指出的是,以新闻当事人为发出者的旁白有一类是新闻当事人对内心活动的自我表述,这一类旁白也称为独白。独白是以自我为交流对象的旁白,即通常所说的"自言自语"。例如《雪莲之恋》(《解放军报》2012年7月18日)讲到主人公白雪因患有低钾症和缺铁性贫血两次晕倒在训练场,两次"失利"让白雪非常懊恼。

  两次"出洋相",让我对自己的弱不禁风非常着急:这样的身体素质,怎么当一名合格的军人?

  什么叫女军人?女军人绝不只是一个穿着军装的女人!一转眼,要毕业了,我萌生了一个念头:到基层部队锻炼自己!于是,我向队领导提出申请,要求分到边疆、到基层、到最艰苦的地方去。

  "这样的身体素质,怎么当一名合格的军人?""什么叫女军人?女军人绝不只是一个穿着军装的女人!""到基层部队锻炼自己!"这些直接表达内心的独白成为塑造人物形象的最有效的表现手段。

  由于文字与影像相比缺乏直观性,所以要借用独白展现新闻当事人复杂的内心世界。正因如此,独白也成为常用来表现人物内心思想、情感的一种手段。但独白所传达的不是外部世界所能看得见、听得着、摸得到的东西,而是人物对外部世界的一种心理体验,有较强的主观性。所以在新闻叙事中,独白往往安排在新闻文本中的开篇,用"我"来引出故事,或者在文本中穿插一段,直接表达"我"在此时此刻的思想和感受。

另一种旁白是记者对新闻事实的客观叙述,以"第三只眼"的形式介绍、评说新闻人物的故事。例如,笔者在《新闻叙事纪录性美学的主观构建》中例举的《平凡青春照碧海》(《解放军报》2012年5月16日)的开篇:

> 我在去采访肖宇强的路上。
>
> 福建连江县的山路弯弯又崎岖,吉普车上下颠着。一路上,南京军区某海防旅派来陪我的林金春干事都在唠叨肖宇强的情况:一个沉默寡言的老兵,在船运中队的艇上一干就是19年,为部队奉献了所有的青春,留下一身伤痛,左眼几乎失明,胆囊也被切除,却从不叫苦叫累讲条件。在他身上闪烁着一个老兵最平凡又最不凡的光芒,他是船队的"无价之宝",全海防旅的官兵都深爱着这个老兵,听了他的故事你一定也会爱上他的……
>
> 听着小林的讲述,我将信将疑。肖宇强这个老兵的形象,此刻在我心里仍是有点凌空架虚的味道。车子一路开到一个海边小镇,船队就驻在这儿。带着腥味的海风拍打着我们的脸。路边到处都是渔网、浮标、等着修缮的小船、混着海蛎壳贝壳的沙堆。路上来往的都是面色黧黑的渔夫和趿拉着拖鞋的卖鱼女。船队不大,坐落在临海山上,一座楼、一个码头、几艘艇。就是在这弹丸之地里,肖宇强度过了他人生最风华正茂的19个年头。

这一类的旁白实际上是作者借助文本所发出的声音。在新闻叙事中,作者常常会借助旁白来表达自己的理念和观点,并借此传达自己独特的叙事风格。当然,旁白仅仅是新闻叙事中的"过渡",起到承上启下的作用,不能过度使用。否则,就会破坏叙事的完整和流畅,影响新闻事实的呈现。

无论是哪一类旁白,都是把受众当作交流和倾诉对象的,是单向叙述的。所以,在任何一部新闻作品中,叙事都是旁白最主要的功能。利用旁白交代新闻故事的进展,交代情节的突变因素,可以使新闻叙事的节奏紧凑而富有张力。

第一次从广播中听说22岁的刘路攻克了世界数学难题"西塔潘猜想",还在读本科的他被中南大学聘为研究员(相当于正教授),我心中一亮!脑子里的第一反应是:哎哟,真好!中国的年轻科学家终于涌现出来了!

但是接下来的第二反应却是担忧:哎哟,不好!这么年轻,可别让铺天盖地的媒体把他毁了!

这真的不是杞人忧天,在媒体工作几十载,我可深知媒体的厉害——捧杀和棒杀,都足以摧毁任何钢筋铁骨。何况,刘路还只是一个22岁的孩子。

不过还好,接下来传到耳朵里的消息,让我踏实了一些:某媒体摄制组去给刘路做节目,当在图书馆拍摄时,摄制组提出让正在攻读的全体学生都撤出的要求,当即遭到刘路的反对,理由是不能影响同学;摄制组又提出去刘路宿舍拍,也遭到他的拒绝,理由还是不能影响其他三位室友。我为自己的同行脸红,为刘路的理性、善于为他人着想的品性叫好。

后来,我又从网上看到,刘路为人淡泊,行事低调,除了一再声明自己不是天才之外,所做的就是尽量躲起来,唯求世界快把他忘掉。我心中很是赞叹:这孩子,行!

孰知世事难料。我自己竟然也卷进了这场新闻大潮,被派往中南大学采访。一想到自己也即将成为刘路讨厌的记者,先从心里就胆怯了——我可不想为了自己出新闻,就去做耽误人家科研工作的罪人!

所以,接受任务、读了初步的资料之后,我即拟把采访题目定为"刘路是怎么一飞冲天的"。我一点也不想猎奇,不探究刘路的衣食住行、爱好特长、小学初中高中的分数、家庭秘史、七大姑八大姨等等。我想探究的是当下中国人才培养的机制、体制问题,看看能否通过刘路的实践,挖掘到中南大学有什么妙招,可以举一反三地提供给全国教育界借鉴。

在《刘路是怎么一飞冲天的》(《光明日报》2012年4月20日)一文中,记者的旁白用在了开篇。记者通过讲述采访刘路前的所见、所闻、所感来带领受众渐渐接近刘路,慢慢打开叙事的大门。这段文字以平和的基调逐渐调动起受众的阅读情绪,为下文的展开做好铺垫,省略了下文中不必要的叙事展现,并很快使悬念产生,整个叙事进程显得更加紧凑。

旁白作为一种叙事语态,在新闻叙事中会产生一种逻辑关系,这就是新闻当事人与旁白发出者之间的关系。

一般而言,当旁白发出者是新闻当事人的时候,即新闻当事人等于旁白发出者,文本就是以限制视角来叙事的。在这种情况下,旁白是随着人物命运、社会环境的变化而变化的,更多的是起到了推进故事发展的作用,使叙事产生复杂、多变的含义,给受众留下更多的悬念,也使得叙事本身变得越发真实可信。例如上文所例举的《我在感恩中成长》,文章开篇使用了旁白,这个旁白是从主人公李乾坤出生时的家庭环境讲起的,并没有以"现在"的眼光来揭示故事的发展和人物的命运。而在此文后续的叙事中,李乾坤的旁白也始终与新闻情节的发展保持一致。在这里,旁白代表了一个正处于故事发展中的人物的观点,发挥了推动叙事的作用。

而当旁白发出者是记者时,即新闻当事人不等于旁白发出者,文本就是以全知视角来叙事的。全知视角是新闻叙事的基本语态,在这种情况下,旁白通常比新闻当事人知道得多,所以在叙事中也会提前"预知"人物所面临的命运。旁白使受众提前了解到人物的命运发展,进而引导受众的关注和心理的紧张。事实上,这也是作者主观意图的体现,是作者有意识地在引导受众的视线和阅读情绪。如刚刚例举的《刘路是怎么一飞冲天的》,记者韩小蕙是一个全知叙事者,她不正面描写刘路是何人,仅以间接了解到的材料侧面描绘刘路的轮廓,引发读者的兴趣,并有意识地去关注真实的刘路,关注新闻情节的发展。

以上是对旁白的叙事功能的阐述。需要指出的是,叙事是旁白的最主要功能,但并不是唯一功能,这是我们要在以后的新闻写作中逐渐体会并归纳的。旁白虽然不是新闻叙事的主体,但却可以看做是新闻叙事的点睛之笔,只要使用得当,一定会在新闻叙事中发挥其独到的优势。

新闻特稿的叙事审美

特稿的叙事美学风格
特稿审美的再造想象
新闻特稿的审美要素
特稿叙事中的人物审美
特稿叙事的直接讲述者分析
特稿的文学叙事方法
新闻特稿的行文编排技巧

特稿的叙事美学风格

上溯四个世纪——1690年,英属北美第一份报纸《公共新闻》在马萨诸塞创刊。虽然没过多久,这份报纸就被取缔了,但它开启了故事化新闻的先河,它曾报道过这样的新闻:

> 本月初,一些野蛮的印第安人窜入切鲁姆斯镇,街上两个小孩去向不明,一个11岁,另一个9岁,他们可能被印第安人带走了。

这是新闻特稿出现的最初形式。此后的300多年,这种特稿的最初形式虽被媒体广泛应用,但却未曾成体系,直到20世纪20年代,解释性新闻和调查性新闻的出现,使得新闻特稿得到进一步发展,更注重新闻背后的故事,更注重挖掘新闻事实的本质。1979年,普利策新闻奖设立了特别报道奖,自此,新闻特稿这种文体被新闻界正式承认并迅速推广。

新闻特稿的出现,是新闻工作者长期以来创造实践和探索的结果,使新闻报道从题材到思维都得到了长足的发展和突破,形成了一整套特有的叙事风格和美学品格。

那么,新闻特稿的叙事风格究竟具有哪些特点?我们常说特稿中含有文学,并不意味着新闻特稿都是纪实文学。文学在特稿中的表现主要集中在三个方面:

一是叙事语言的文学化。

　　这个49岁的蒙古族牧民,有着黑红色的圆脸和敦实的身材,脸上总是挂着羞涩的表情和憨厚的笑容。只有当他跨上自己那匹乌黑的骏马、挥起马鞭、在扬起的沙尘中呼啸着奔跑起来时,才会显现出蒙古族汉子特有的英武之气。

　　　　　　　　——《最后的铁蹄马》(《中国青年报》2011年1月19日)

这段简单的描写将人物形象立体展现在受众面前,而起作用的就是文学化的记叙手法。

　　二是结构设计和情节安排的文学化。

特稿既然要挖掘新闻背后的故事,就需要记者在掌握大量新闻事实的基础上重新筛选素材、组织行文结构。在还原新闻事实的过程中,为了增强现场感、增加真实性,记者需要对结构设计和情节安排进行再加工,对时过境迁的新闻事实进行再次塑造。而在充分尊重新闻事实的前提下,做适当的加工是必要的,也是情理之中的,尤其对于第二手材料和第三手材料,谁能保证回忆的历史是确凿无误的呢。

　　一进门,患大脖子病的老母亲正躺在床上呻吟,衣衫褴褛的媳妇在煮野菜,骨瘦如柴的女儿菊花站在一旁,眼巴巴地等着糊口……徐造钱忍住泪,掏出从马戏团带回的一点干粮,算是让全家人吃了顿饱饭,然后便领着小菊花离开了家。

　　一路上,菊花问父亲:"爸爸,我们这是要去哪儿呀"?

　　徐造钱答:"爸爸带你去看马戏,好吗"?

　　"看马戏?好呀,好呀"!天真的小姑娘雀跃起来。

在《夏菊花:顶起人生的"碗"》(《光明日报》2013年1月10日)中,作者在开篇的结构设计上运用了"回忆片段",描写加对话。通过重塑细节,缓缓引入故事,宕开读者思绪,以文学化的情节安排还原新闻背景。

三是心理描写的文学化。

心理是新闻叙事中最难还原的事实。当事人的所思所想即使是其亲口所述,再次还原为文字时也难以原原本本重现当时的情绪与情境。所以,在心理描写的过程中,作者需要运用文学技巧将这种还原无限度地逼近现实。

《解放军报》2010年11月10日刊发的文章《丹心兵情》中讲述了这样一个故事,211医院院长贾丹兵接到一个基层部队教导员打来的电话,反映他们的战士张兵在211医院就医时被不同科室的医生推来推去,"把战士推得很郁闷"。

> 撂下电话,贾丹兵火冒三丈。说过多少遍了,为部队服务,为兵服务,一定要全心全意,一定要满腔热情,你们怎么就听不进去呢?!战士们跑那么远来看病容易吗?你们推来推去的,难道就不知道什么叫"战士"吗?
>
> 带医院的医护人员去黑龙江边防的一幕幕,又浮现在贾丹兵眼前。
>
> ……

撂下电话的贾丹兵是愤怒的,但此时的心情并不仅仅是愤怒,还有怜悯,还有伤感。这一连串复杂的心理情绪如何在笔尖下还原,如何用极富饱满的笔调重新展现在受众面前?这对作者而言是一个考验。但作者此时做了一个巧妙地处理,在三个反问的排比之后,立即跟上一个"卫星事件",将贾丹兵去边防巡诊的所见所感融入到主人公的心理刻画中,这种带有插叙的文学技巧很好地控制了行文的节奏,增强了特稿的文学性。

虽然特稿的写作集中体现了文学的表现手法,但特稿毕竟是新闻,要遵从新闻的真实性原则。而特稿所追求的"叙事美",主要是增强新闻报道的情趣,增加受众的审美感受。所以,特稿要以叙事的深刻性来满足对受众知识结构的补偿,求细而不求全,放大局部,突出特点。在行文结构方面,新闻特稿讲求设悬念、重细节的多样化表现,有时,作者还将自己强烈的个人感情融入到文章中去,让受众在心灵上受到刺激,体验审美。

综上,概括而言,"新闻性、文学性(故事性)、深刻性"是新闻特稿独有的叙事风格和美学品格。

新闻性是新闻特稿的根本属性,对真实性和时新性的要求使特稿与文学作品从本质上区分开来。

文学性(故事性)是新闻特稿的主要属性,特稿的开篇往往都以故事切入,引起受众的阅读兴趣,例如《要问爱有多深》(《解放军报》2012年12月5日)的开篇:

"我和你妈离婚,你跟谁"?

"我谁都不跟"!儿子听父亲李卫的话带着酒味,不耐烦地从桌子上拿起一块月饼走进卧室。

李卫自个儿坐在客厅,桂花从窗外浸入怡人的香。他有些伤感嘴巴叨叨不停:"离婚,必须离"!

……

文章以设悬念的方式将家庭的主要矛盾直接呈现给受众,但却不停留在矛盾的表面,这就是特稿所要挖掘的新闻事件背后的故事,你想知道吗,那就一直读下去。

此外,特稿文学性(故事性)的叙事美学风格也体现在动词的运用上,特稿作者喜欢在字里行间将自己的美学品格渐渐渗透给受众。

取款的妇女毫不察觉,快到农垦医院时拐上一条僻静的小路,女人下车给"摩的"司机付钱。刹那间,两个男人"呼"地把摩托车开近,一把拽住女人身上的包。女人抓住包不放,被拽倒,又被拖出好几米。符传泉和吕大俊在车里看得真切。见她还抓住包,不撒手,摩托车上的男人突然掏出一把枪,对准躺在地上的女人。

——《镜头追踪黑社会》(《中国青年报》2006年8月2日)

"拽、抓、拖、掏"……作者用"强有力"的动词表达了双重含义,一是突出"飞车贼"的猖狂和凶狠,二是表现符传泉和吕大俊(警察)工作的危险和职业的特殊性,进而增强行文的起伏,突出人物特征。

深刻性是新闻特稿的重要属性,这一属性区别于消息、通讯等新闻报道的一般体裁,以反映新闻事实的深度和广度见长,往往含有对事件的解释和预测,常见于对重大事件的报道。例如《南方周末》2008年5月22日刊发的《灾后北川残酷一面》,通过一场猝不及防的灾难,一场与时间赛跑的救援,一个被废墟埋葬的县城,显示大灾大难后,人心与人性的复杂。

当然,特稿的叙事美还不仅仅体现在这三个方面,对于主题的选择、材料的筛选、语言的运用、结构的设计等方面,特稿写作也有其自身特点。

特稿审美的再造想象

1979年,普利策新闻奖评委会将首届特稿奖授予《凯利太太的妖怪》。而这篇1978年12月发表于《巴尔的摩太阳晚报》的文章一开始并没有引起编辑的注意,它是分上下两集分别在该报刊登的,并且是安排在版末的位置上,头版也没有这篇文章的导读,编辑还在担心上集刊登后,读者是否会有兴趣去读下集。但让编辑没想到的是,上集刊登后,读者的电话便像潮水般涌向报社,大家都非常想知道达克尔医生和"妖怪"到底是谁最后获胜了。

其实,《凯利太太的妖怪》只是讲述了一名脑外科医生手术失败的故事,没有华丽的辞藻,也没有优美的语句,但为什么会如此吸引受众?就是因为作者在写作过程中把握住了受众对特稿的审美心理,把细节完整地记录下来,通过感知和情感激发受众的审美思维,从而将新闻事实与受众心理连接起来,达到再造想象的目的,让受众在心理补偿中获得美感。

审美最简单的途径就是从外表入手,通过感官形成审美意象。因此,要使新闻饱含形象感,就要在叙事中充分调动受众的各种感官,全方位刺激受众,从而让受众形成对新闻事实最直观的认识。这就是通常我们所说的"新闻感觉化"。

新闻感觉化就是让受众调动接受新闻报道刺激的能力,运用视觉、听觉、嗅觉、味觉、触觉等多种感官去体会快乐、悲伤、愤怒、惊喜、冲动等各种感觉。而想要让受众全方位调动感官,记者就要在叙事时抓住现场的每一幅画面、每一阵声响,抓住细节和情节。

陈安成坐在铺着干净桌布的餐桌前,等着他的晚餐,并且有点焦急地向服务员催了一次。他没料到等来的是一场大变故。大约7时38分,突然一声锐响,他身边的双层钢化窗玻璃被击穿,玻璃碴子溅了一桌,沙土直接灌进餐车,立刻把陈安成和其他正在进餐的10多位乘客赶出了原本洋溢着饭菜香味的车厢。

据悉,这是T70次列车被这场大风暴击穿的第一扇玻璃。

陈安成正在等餐时,边疆则在紧挨餐车的14号硬座车厢"斗地主"(一种扑克玩法)。突然听到乘务员一边嚷着说餐车窗户破碎,一边跑去关上车厢门。但沙土还是从餐车飞快地卷进来,弥漫了半截车厢。

这位中国政法大学的本科生"一开始以为眼镜模糊了",赶紧擦了擦,才发现原来是沙土。

没过几分钟,14号车厢列车长办公席边上的玻璃传来了"啪"的破裂声。接着陆续有其他玻璃破裂。

……

当边疆穿过13号餐车时,见到厨师们正用棉被堵着已经破碎的车窗,好让乘客通过。走过操作间,边疆看到一筐茄子,被风吹得像皮球一样满地滚来滚去。

疏散中,边疆似乎没听到什么人声,只听到风在咆哮。

12号软卧车厢中,顾革命记得,不到8点,车停在一个叫小草湖的小站。顾革命看到小站只有一个小院,院内还种着一棵歪歪斜斜的树。

列车"像大海里的船一样在铁轨上晃动"。

......

8点左右,餐车玻璃破碎的消息传到顾革命耳朵里。几分钟后,这节软卧车厢的第一扇玻璃也开始破碎,像弹弓打过来的声音,"啪"的一声巨响。

沙土疯狂地卷进来,"啪啪"地砸到包厢的门板上。沙土涌进包厢,空气压力骤然增大。顾革命觉得耳膜生疼。

......

这段描述节选自《中国青年报》2006年4月19日刊发的特稿《火车惊魂记(乘客版)》。在这段描述中,有视觉(沙土从餐车飞快地卷进来,弥漫了半截车厢;一开始以为眼镜模糊了;一筐茄子,被风吹得像皮球一样满地滚来滚去)、有听觉(列车长办公席边上的玻璃传来了"啪"的破裂声;软卧车厢的第一扇玻璃也开始破碎,像弹弓打过来的声音,"啪"的一声巨响;沙土疯狂地卷进来,"啪啪"地砸到包厢的门板上)、有触觉(列车"像大海里的船一样在铁轨上晃动";沙土涌进包厢,空气压力骤然增大,顾革命觉得耳膜生疼)、还有嗅觉(洋溢着饭菜香味的车厢),这些描写给受众带来是惊恐、是压抑,受众不仅得到了一条灾难的信息,更是从中看到了、听到了、感觉到了这场灾难的发生。

笔者在《新闻叙事中的心理补偿机制》一文中曾提到,新闻事实的还原离不开受众心理活动的补偿,既需要外部刺激(新闻叙事)也需要内部反应(心理补偿),而新闻审美也需要受众心里再造想象。所以,优秀的特稿需要五种感官的配合,受众能够随着作者的文字看到现场的画面,感受到主人公的感觉。尤其在突发事件报道和灾难新闻报道中,更是需要这种五官齐具的"新闻感觉化"叙事方式。

对于记者而言,要将"新闻感觉化"的叙事方式运用好,就需要尽量掌握第一手材料,尽量到现场采访,这也是为什么新闻战线要开展"走转改"活动的原因之一。只有常走基层、常跑现场,才能发现重大事实、掌握新闻细节、发掘新闻人物,才能丰富新闻叙事的感觉化、视觉化,引起受众审美心理活动的展开。

新闻特稿的审美要素

在《特稿审美的再造想象》一文中笔者提到,获普利策新闻奖首届特稿奖的《凯利太太的妖怪》既没有华丽的辞藻,也没有优美的语句,但文章却激起了受众极大的阅读兴趣,这是因为作者在写作过程中把握住了受众对特稿的审美心理。那这种审美体验是由哪些要素构成的呢?而对于特稿的写作,作者又需要从哪里入手去激发受众的审美思维呢?我们还是先以《凯利太太的妖怪》为例作以分析。

达克尔医生是脑外科医生,他的工作对普通人而言是陌生的,也是令人充满好奇的,而这复杂的脑部手术更是让人难以说清楚,所以选择这样一个题材作为报道主题本身就会牢牢抓住受众的心。其次,在这台复杂的手术中,达克尔医生和"妖怪"的对决成为全文矛盾的焦点,而由此产生的一系列矛盾都不停地掀起文章的波澜,增强了文章的节奏,制造了一种冲突美。第三,这篇文章最最吸引人的就是细节描写。这其实是一台失败的手术,而这样的手术几乎每天都会在医院发生。一台失败的手术为什么会具有这么高的新闻价值,原因就在于手术过程中的每一个细节经过作者的还原,都深深刻在受众的心里,最典型的就是那"怦、怦、怦"的心跳声。全文17次提到心跳的变化,每一次心跳的出现都制造出生死悬念,让受众的心跳与文中的心跳产生共振,这种细致入微的刻画正是这篇特稿成功的重要原因。第四,由悬念造成的紧张情节也是这篇文章的一大特色。心跳与时间在文中反复出现,目的就是让拯救生命的紧迫感时时刻刻萦绕在受众的心中,让受众着迷,以此推进故事的发展。最后,在人物塑造上,一切都尊重客观事实。凯利太太一直都在求生,但最后不得不放弃,达克尔医生沮丧、不甘心却又无可奈何,这些都是读者不愿意看到的,但这就是新闻的魅力,真实不矫情,人物的一举一动都依实际展现。

综上分析,新闻特稿的审美要素主要有五个:题材、冲突、细节、情节、人物。

1. 题材

特稿能否吸引受众,归根结底在于题材的选择。特稿不是单纯地讲故事,它是要通过叙事来提供新闻背后的主题。所以,从另一个角度来讲,题材是传达作者审美感情的重要元素,题材是构成特稿内容的重要因素,也是材料整合、结构设计的核心。往往题材所具有的社会意义的大小直接影响着特稿艺术质量的高低。

《中国青年报》2006年4月5日刊发的特稿《大栅栏:由生活变成回忆?》,就是从具体而感性的大栅栏关注民族文化的兴衰传承。

> 几天前,在金利饭馆的废墟上,五六只鸟笼散放着。几只路过的野猫远远地盯着鸟笼。斜对面荣丰恒煤油庄旧址,还顽强地挺立着。很快地,从这里可以直望到前门西河沿,而阻挡着的一切,将被扫平。

这是一种见证历史的感觉,前一天生活的地方第二天就变成了废墟,无奈又苍凉。平静的生活被打破,产生了一种撕裂的悲剧美。大栅栏的街道和胡同在作者的演绎下早已成为民族文化的象征,成为人内心世界的格局。既在身边,即足以震撼人心。

2. 冲突

冲突是新闻特稿必备的审美要素。读者的审美心理倾向于故事的来龙去脉、前因后果,更沉醉于跌宕起伏的冲突矛盾,追求故事的结局,期待猜想外的结果。所以,在特稿创作中,作者需要善设悬念、善埋伏笔,吊足受众胃口,牢牢抓住受众的心。例如江宛柳采写的《国防生,梦想之翼能飞多远?》,这篇文章始终在理想与现实、校园与军营、曾经与未来的冲突矛盾中推动故事情节的发展,激发受众的审美情感。

"无悔"二字并不简单,一脚迈出去,才能感受到它的分量。

张美玉大连舰院读研两年之后,做出去大海的选择就不像在清华园里那么轻松了,甚至相当痛苦。读研期间,他在清华读博的女友发出通牒:你要下舰艇部队,就分手,没有商量。

3. 细节

小细节有大思想,这是特稿细节美的特点。丝丝入扣的细节描写扩大了特稿的张力。纯朴的文字和娓娓道来的叙事挖掘事实真相,使受众得到代入式的阅读体验,体验深刻的现象和事实。

他们有的铺着凉席,有的垫着报纸。大多数人趿着拖鞋。有人打着赤膊,露出精黑的上身,有人像陶辉一样披着上衣敞开胸,也有人像要出门一样特意穿戴得整整齐齐。

一部分人拿着收音机,将耳机塞进耳朵里。所有的人都仰着脖子在看大屏幕。大屏幕右侧,"至尊国际"大招牌上,七彩的霓虹闪动着,像在跳舞。

——《无声的世界杯》(《中国青年报》2006年7月12日)

人物百态,人生百味。在这篇被《南方周末》评为"2006年度传媒致敬之年度特稿写作"的文章里,作者的细节描写让读者发现,在农民工群体里,这些热爱世界杯的人,是这个群体里比较不甘于现有生活的人。世界杯,是他们对自己生活之外的一种渴望,对精彩的外面世界的一种向往。

4. 情节

特稿的情节除了要遵循新闻真实性的原则外,还需要具备生动性。只有生动的情节才会让受众始终处在紧张期待的阅读感受中,才会将阅读审美的心理情绪发挥到极致。一般而言,在特稿中制造生动情节的写作技巧是"前有伏笔,后有照应",这就如同猜谜,要有谜面,还要有谜底。

例如《凯利太太的妖怪》开篇提到达克尔医生在早餐中只吃华夫饼没有喝咖啡,因为咖啡"会让他的手发抖"。对脑外科医生手不能发抖的重要性的强调为全篇的导入埋下伏笔、设下悬念;而在后文中为受众揭晓,手不能抖的原因是这是一场非常复杂精细的脑部手术,不能有半点闪失。

除了"前有伏笔,后有照应"外,插叙和补充也是特稿常用来制造生动情节的写作技巧。插叙和补充的目的一是为了交待新闻背景,二是为了以细节呈现核心事件。关于这一方面的叙事特点笔者已在《新闻叙事中的素材安排》一文中做过详细阐释,这里不再赘述。

5. 人物

特稿是所有新闻体裁中最能体现人物个性的文体。以何种方式体现人物个性直接决定着新闻特稿成文后的影响力。因为受众在阅读文章时,会自觉不自觉地以自己的审美感知与文中的人物对话、交流,从而充分地理解人物、品味人物,挖掘丰富的人物美。所以,人物是特稿审美要素中比较特殊的一个方面,笔者将另作文以阐述,此处无赘笔。

特稿叙事中的人物审美

人物永远是新闻的主角。传统的人物新闻报道经常以塑造典型人物为主,真善美的宣扬契合人们传统的伦理道德心理,所以典型人物的报道更易被受众接受。但传统的典型人物报道形式单一,往往以通讯形式体现,消息类报道较少。久而久之,受众便失去了对此类新闻的兴趣,加之部分媒体在典型人物报道中没有区分好新闻与宣传的关系,将典型报道视为典型宣传,在材料取舍上只求"高大全",使人物失去真实性,受众感到人物失真,在阅读上产生逆反心理,人物形象随即被淹没。

一篇新闻只有具有感染力,才能达到预期的传播效果。新闻实则是一种表达的艺术,只有准确、生动的表达才有助于受众对信息的正确解读。随着时代的发展,受众对人物新闻中人物形象的需求日趋多样化,但真实感人、具有亲和力和时代特色是第一需求,也是永恒需求。这就需要新闻工作者更新报道观念,从满足受众的审美心理出发,创新报道方式——这也是特稿中人物叙事所追求的价值衡量标准。

其实,无论受众的需求如何变化,都喜欢"讲故事"的新闻。那些在文本结构上注重精致的细节,善于挖掘人物内在精神世界,同时兼具情感力度与思想深度的新闻,终将得到受众的认可。具体说来,如何讲好"人物故事",

还需从人物自身的行动、语言、外貌、心理四个方面来展现。

1. 行动

行动描写是通过人物动作来展现人物性格、情感、思想的一种表现手法。这种手法也是最容易引起受众的视觉审美心理而使人物具体形象生动的主要手段,是构成故事情节的主要因素。

> 月光从树梢泻落到宿舍的时候,连长杨念华再也躺不住了。他悄悄起床,穿好衣服后轻手轻脚地推开门往外走。一班宿舍,战士们睡得挺香,又去二班、三班……楼道尽头的哨兵看见了他,轻轻一磕脚敬了一个礼,喊了一声"连长"。战士都知道他要走了,杨念华嗓子有点发噎,习惯性地在哨兵肩上捏了一把,眼睛却湿润起来。哨兵没有看见他的泪光,似乎想和他再说些什么,却因为在哨位上,不得不眼看着杨连长走出营区小楼,径直向大门外的山峁上去了。

——《杨连长和他的兵》(《解放军报》2012 年 12 月 30 日)

这段描写给人印象深刻,杨连长要走了,有心事他睡不着,他"轻手轻脚地推开门往外走"再去看看每个班的战士,哨兵"轻轻一磕脚敬了一个礼",杨连长"嗓子有点发噎,习惯性地在哨兵肩上捏了一把,眼睛却湿润起来",哨兵在哨位上"眼看着杨连长走出营区小楼"。这些极富情感的行动描写,展示了杨连长与战士间的战友深情,这种依依不舍的离别感,通过笔尖的演绎也透过文字融进受众的心里。

2. 语言

语言从广义上来讲,也是一种行动。它是人物思想、感情、性格的外现,是最能够直接表现人物性格的描写元素,也具有奠定文章情感基调和平衡情感基调的重要功能。

> "我当红军吧!"正娃子扔下手中编了一半的竹筐,站起身说。

"你多大了?"扩红干部问。

"12岁!"才11岁的正娃子挺着胸回答。

"还太小,不行!"

"为啥?"

"红军要扛枪打仗!"

"我不怕死!"

2012年7月18日刊登在《解放军报》的人物纪实文章《战将无星》,讲述了新疆军区原司令员刘海清的戎马一生。11岁的正娃子(刘海清小名)认为,参加红军可以让哥哥留下来侍奉年迈的爹爹,而至于扛枪打仗死人,这些对他来说还没有清楚的概念。但正是这股初生牛犊不怕虎的猛劲,让刘海清拽着马尾巴走过草地,平型关大战与日军刺刀见红,天津城里活捉城防司令,鸭绿江畔打出虎虎军威。简单的对话不仅表现了刘海清独特的个性,也为全文定下基调,激起受众的审美情感。

3. 外貌

外貌是人的外在特征,包括面貌、表情、神态、体型等方面。细致入微的外貌描写可以传达人物的气质、心情、个性,进而展现人物的思想、情感、命运。在特稿叙事中,人物的外貌描写可以是正面描写,也可以侧面烘托,可以虚实结合,也可以白描勾廓。例如笔者在《新闻叙事中的景别构成》中提到的《寻找王卫》一文:

有一天,王卫站在镜子前面,他看到了这么一个人:作为一个男人,他算得上年轻,满打满算也不过才刚到40岁。在同龄人里,他算不上有多起眼。虽然个子很高,总有一米八上下,但他的长相和衣着都显得过于朴素。他留着简单的平头,脸庞瘦削,颧骨突出,皮肤因为早年间的操劳和后来的户外运动显得黝黑粗糙。他的穿着不怎么讲究,一件普通的衬衣就能出门。他不怎么说话,沉默的时候显得更加严肃,一幅心事重重的样子。

这段外貌描写极具画面感和镜头感,王卫透过镜子照出的不仅是皮相,还有内心——三十而立的男人们共有的心理状态——因事业、感情、人际等压力而身心疲惫,这于读者在内心引起共鸣。

4. 心理

心理描写是人物心理活动和精神世界的展现,是人物在特定环境中的体验、感受、思想的表现。我们说,心理是新闻叙事中最难还原的事实。原因之一在于,心理状态毕竟是抽象的,单纯的心理描写往往会显得沉默枯燥。而如果把心理描写和上述的行动、语言、外貌以及情景结合起来,就会显示出更深刻的寓意,也是一种巧妙的写作技巧。

> 紧跟程林祥的,是他的妻子刘志珍。她不知从什么地方捡来两根树干,用力地拿石头砸掉树干上的枝杈,然后往上缠布条,制造出一个简陋的担架。在整个过程中,她始终一言不发,只是有时候略显暴躁地骂自己的丈夫:"说什么说!快过来帮忙!"
>
> 担架整理好后,夫妻俩把程磊的遗体放了上去。可担架太沉,他们抬不上肩膀,我们赶紧上去帮忙。
>
> "谢谢你。"她看了看我,轻声说道。原本生硬的眼神,突然间闪现出一丝柔软。
>
> ——《回家》(《中国青年报》2008年5月28日)

在作者的笔下,刘志珍是一个寡言的母亲,也是一个暴躁的妻子,但这一切都源于失去儿子的痛苦心情,这是一种难以言表的心情,也是一种微妙的心理变化。这段文字没有详细的心理描写,却通过行动、语言、外貌将大灾大难后人心与人性的复杂描述得丝丝入扣,引人感同身受。

特稿叙事的直接讲述者分析

故事性是新闻特稿的本质特征之一,所以,特稿首先要是一个好故事,而如何讲好这个故事则是对特稿的最高要求。既不是虚构的事实,又要以故事的形态呈现在受众面前,这就需要在传播中考虑受众的审美心理,以一种恰当的讲述方式吸引受众的注意力,充分展现新闻应有的魅力。

可见,新闻叙事具有两个最基本的要素,一个是故事,另一个是讲故事的人。而讲述者在文本中的表达方式和参与程度直接影响着新闻叙事的艺术质量。由于特稿新闻都是在新闻事实发生后再进行的深入采访,所以特稿的叙事都受到时间的限制,即记者需要采访当事人或者知情者进行共同叙事,所以,在一篇特稿中可以存在多个讲述者。

受众的特稿审美心理注重情感的体验,希望身处新闻事实之中去体会主人公的情绪与感受。最真实的感受才能引起受众的情感共鸣,因此,在讲述者的选择上,讲述者最好是处在事件之中。以此为依据,特稿的直接讲述者大体分为记者、当事人和知情者三类。

1. 记者

记者作为故事的直接讲述者在特稿中是最常见的。在这些稿件中,记者会根据新闻线索,带着受众一步步接近事实,分析新闻背后的深层原因,并展现一系列的起承转合。作为直接讲述者的记者在特稿中涵盖了全部三个人称的表现方式。

一是以第一人称直接讲述,记者明确以自己的身份参与到新闻事实中。例如:

> 尽管有充分的心理准备,钻出绞车的矿工们还是让我吃了一惊:28℃的气温下,他们个个身穿劳动布制作的厚棉服,脚踏黑色胶靴。全身上下,除了牙齿白得耀眼,到处都是乌黑的,尤其是鼻孔下面的两道黑,分外显眼。
>
> "怎么不戴口罩呢?"我走上前问。
>
> 一群人哄地笑了:"在井下哪有人会戴口罩呢,本来就闷得上不来气。"
>
> ——《那些变成石头的肺》(《中国青年报》2006年5月17日)

二是以第二人称讲述,记者以知情者或者参与者的身份出现在新闻事实中。例如:

> 这一天的前一天,一切都还好好的。你在商场为母亲挑选了一件衣服,你想让自己的母亲高兴高兴;你自己又在网上看中了一双236元的皮鞋,最后嫌贵,没舍得买;你还和妻子蔡相珍约好,明天陪着孩子在南阳河畔好好玩一天,等她带的这一届高中生毕业,就带她们娘俩去外地旅游一趟……
>
> 5月13日,母亲节如期而至。沈星,谁也没料想到你如春花一般灿烂的生命,永远停留在31岁。
>
> ——《不一样的沈星》(《解放军报》2012年6月13日)

以第二人称叙事,言辞看似平淡,却沉淀了对新闻事实的思想精神发挥到极致的情感因素。

三是以第三人称讲述,记者虽是新闻事实的讲述者,但记者却始终藏于幕后,"只闻其声不见其人"。例如:

> 王扶林的大半辈子充满了"变数"。
>
> 他始终在适应不同的角色,始终在摸索,有时主动,有时被动;有时收获惊喜,有时难免失意。
>
> 他不言放弃,似乎在等候一个"馅饼"从天上掉下来。
>
> "王大胆",这是同事送给他的雅号。
>
> 直到1987年电视剧《红楼梦》问世,他的能量才得到最大程度的释放。那时,他已年过半百。
>
> ——《王扶林:步步攀爬向红楼》(《光明日报》2012年3月1日)

这段文字的主角虽然是王扶林,但却不是王扶林与受众直接对话,"话语权"还是掌握在记者的手里,只是记者把自己隐藏起来,行文之间抹掉讲故事人的痕迹。

2. 当事人

新闻事件的当事人是特稿的重要讲述者。当事人是新闻事件的直接参与者,是新闻事件的主体。由当事人来讲故事,可以使受众与文中的"我"渐渐融为一体,将受众完全沉浸在"我"中。这种感觉正是第一人称叙事的魅力所在,具有强烈的真实感和感染力。如:

> 先说说俺俩的第一次相遇吧!1996年那会儿,我在后勤部队汽车独立营代理排长,张华是野战部队基层连队的排长。有一次,上级赋予战术背景下紧急输送弹药任务,黎明前必须到达演习地域,我受命带车,他带兵荷枪实弹负责押运。
>
> ……
>
> 我们是从一线天闯过,还是绕过葫芦峪走平坦大道?黑暗中,大家

心有余悸,意见不一。我说,这样吧,俺俩把意见各自写在掌心上,意见一致就走一线天,不一致就绕道而行。我俩在掌心写完,攥紧了拳头,手电光下同时展开,大家一看,3个相同的字赫然在目:一线天。

——《俺俩的维和经历》(《解放军报》2012年6月20日)

主人公"王绍勋"亲身讲述故事的缘起发展及结果,弥补受众追求现场感的审美心理,增强了新闻的真实性。

3. 知情者

新闻事实发生的时候,记者不在现场就需要通过第二手材料和第三手材料来获取信息,而讲述故事的时候通过知情者的视角来重现新闻,既可以脱离于新闻事件本身,又可以最大限度地还原新闻事件。

吴敬琏回忆,徐老寡言少语,工作极其认真,竟然把自1956年创刊以来的《经济研究》从头到尾看了一遍,并且把一批从来没有人发现的错别字一一标出。

……

吴敬琏说:按我的理解,这个"老派共产党"就是说虽然共产党成了执政党,已经掌了权,但是这些"老派共产党"仍然坚持他们年轻时参加共产主义运动时的理想和抱负,并为之而奋斗,我觉得用这种话来形容雪寒,是非常恰切的。

——《一个老派共产党人》(《中国青年报》2011年12月21日)

知情者没有与新闻事实产生直接的关系,但却见证了事实的发生,而由吴敬琏这样的专家学者来讲述,不仅能够获得最新的事实,还进一步提供了新闻背景和呈现了新闻细节。

综上,不同的直接讲述者在特稿中充当的角色也各不相同。记者作为讲述者可以直接还原新闻事实,呈现现场;当事人作为讲述者,受众与作品中的"我"进行情感和语言的直接交流,实现心灵的直接对话与碰撞;知情者作为讲述者补充客观事实,可以从宏观角度揭示事件本质。所以,正如前文所述,在一篇文章中可以同时存在多个讲述者,而如何在文章中合理安排这些讲述者出场以及进行角色转换,都考验着一名特稿记者的新闻叙事水平与和技巧。

特稿的文学叙事方法

文学性是新闻特稿的主要属性之一,也是甄别一篇特稿是否为优秀特稿的主要考虑条件。在特稿的叙事中,作者常常会在忠于新闻事实的前提下,运用文学手法刻画人物性格、描写现场气氛、安排故事情节。可见,文学的叙事方法是特稿写作中常用的,也是必须要使用的叙事技巧。

笔者在读书时,教授写作的老师曾向我们重点介绍过"典型化的具象概括"、"意象化的情感表达"、"超常化的语言组合"三种文学写作方法。今天来看,这三种方法也是新闻特稿中经常使用的文学叙事方法。

1. 典型化的具象概括

特稿的感性特征首先要求作品中的艺术形象是个别的,并通过个别的艺术形象激活受众的感情体验和审美意识。这个个别的艺术形象还应该同时体现概括性,它概括得越多越普遍,提供给受众的思考空间和想象空间就越大,领悟的内涵就越丰富。

如何既"个别"又"概括"?这就是典型化的具象概括。典型化,就是排除、舍弃表层的、末节的、非本质的材料,挑选出精辟的、典型的、有概括意义的材料;而具象概括,就是经过挑选提炼的材料仍是独特的、鲜明的个别具象,能够典型地代表同类具象。

具体说来,在特稿的写作中,首先要选择出有审美价值的新闻事实,然后对这个事实进行素材提炼,通过突出、渲染某一方面的材料来丰富、强调事件或人物的本质特征。归纳起来,这就是先选择提炼、后补充强调。例如穆青、冯健、周原合写的《县委书记的榜样——焦裕禄》,就是用这种文学叙事方法将现实中的焦裕禄经过概括、提升,变成为新闻中的经典人物。

当然,需要指出的是,文学创作(例如小说)中的典型化的具象概括做法是将现实中的多个个别原型先进行分解,然后选择与写作主题有关的材料,剔除没有审美价值的材料,然后将有用的材料集合在一个个别形象上,使这个个别具有许多个别的个性,从而形成自己特有的个性。这种不忠于现实原型的想象与虚构是不能用在新闻写作中的,因为真实性是新闻的高压线,新闻叙事必须要尊重新闻事实本身。

2. 意象化的情感表达

特稿的叙事情感是无形的,而要让受众接受就必须要将无形化有形,这就需要作者将审美的注意力集中在新闻事实的细节上,将情感放在细节的提炼和表达上。细节经过作者的情感处理就会成为一个意象。

在特稿叙事中,作者可以采用比喻、借代、比拟等多种修辞和技巧使一个意象以鲜明的形象特征和饱满的情感特征有形地展现出来。

《南方周末》2007年7月26日刊发的特稿,《满语消失的最后一瞬》在文末提到满族文化的最后遗存地时写道:

> 在三家子屯,生活仍旧像普通的东北汉族村落一样冗长地继续着。早上4点半到7点钟极其喧闹,奶牛忧郁地哞叫着,鹅像一队将军踱过街道,而母鸡总是贪吃而慌乱地制造出巨大的声响。6点半,太阳大了,村子才安静下来。墨绿色的玉米在风中伏低、摇摆,伏低、摇摆,像梦境一般枯燥又永无休止。于是整整一天屯子里再无生气。直到夜里9点

半,整个屯子上炕睡觉。这就是一个不停地遗忘着的地方拥有的东西:现在。

作者用了借代的手法连续铺排四个细节意象:"奶牛、鹅、母鸡、玉米"。用这四个意象概括出这个村落漫长枯燥的一天,也象征着通往往日的道路已经永远消失。作者在意象中表达了这样一种情感:昔日不再来。

此外,特稿叙事还可以用并置、对比、重复等写作技巧将一个个独立的意象联结成一个特定的体现作者情感和审美价值的细节有机体。

> 简陋的瞭望哨,一豆青灯,一个人,一只黄狗。29年,清贫、寂寞、艰险、坚韧的修道式的生活,他是怎么走过来的?深山里那些艰辛的路程谁能丈量?

在《守望大山》(《解放军报》2011年12月28日)一文中,作者用并置的手法将"哨、灯、人、狗"四个细节意象联结在一起,将有形的寂静大山与无形的孤寂人生情感联结在一起,产生了意象化情感表达方法的特殊魅力。

3. 超常化的语言组合

一般来讲,受众在阅读新闻时,是通过文字的时间线性排列来接受信息的,在理解了文字的基础上按照一定的逻辑将新闻材料进行组合和复盘。当然,这里所说的逻辑并不是文字本身的表达顺序。由于不同受众对同一文本的心理补偿不同,就会导致同一新闻事实在不同受众的主观因素制约下产生偏差,于是就出现了语言的模糊性和多义性。

在特稿叙事中,为了生动还原新闻事实,作者可以借用语言的模糊性和多义性来突出特定的审美感觉和审美体验,以制造疏离感的手法来表达作者的主观思想。例如,为了追求新闻事实的生动形象,可以通过形象感和动作感强的动词来组合语言。

> 由于天色已晚,黄华刚一时难以确定受困者的确切位置,只好尽可

能地将身体往狭小的石缝里探……他使劲将身体又往石缝里挤进了将近十公分,终于通过指尖触碰到了受困者。他心里异常兴奋,立即用手快速扒开旁边的石块,他要在最短时间内扩大石头缝隙,救出受困者。由于救人心切,指甲盖掀翻了都浑然不觉得疼。

——《白湖岸畔巴根草》(《解放军报》2012年11月21日)

以超常规的组合方式让熟悉的语言产生陌生感(如将表达听觉的语言与表达视觉的语言组合在一起),可以让叙事更加含蓄、形象。

新闻特稿的行文编排技巧

讲故事的人总希望把故事讲得精彩,这就像说书人喜欢用抑扬顿挫的声调和喜怒哀乐的表情将故事还原得更逼真、更生动一样。对于新闻特稿而言,在宽篇幅的行文中如何将故事讲得精彩是每一个作者在落笔前都会苦苦思索的问题。当然,故事要讲得精彩,因素有很多,选题的确立、材料的选取、语言的使用都会影响到讲故事的效果。故事讲得好总会有一个技巧,而特稿的叙事技巧正体现在对行文的编排上。

新闻特稿的行文编排技巧一般有矛盾化叙事、延宕化叙事、陌生化叙事三种。

矛盾化叙事是一种二元对立的叙事方式,这种叙事方式就是要把信息通过与它对立的方面进行比较来具体化。例如,我们看到"晴"这个词的时候,就自然会联想到"阴"与之相对比,读到"笑"这个词的时候就会想到"哭"。可见,新闻叙事中的各元素只有在对比中才会富有意义,这也是矛盾化叙事的特点所在。

其实在新闻特稿中,矛盾化叙事是一种最常见的行文编排技巧,所有的故事架构都可以在矛盾中展开。例如:

当一个对生活充满了信心的人,突然知道自己的生命行将结束时,他该是一种什么感觉?当一个为着一种理想和事业追求了近半生的人,豁然间看到辉煌的成果就在眼前时,他又会是一种什么心情?这两种命运的信号同时在一个心灵里撞击,他的血管里掀起的又该是何等汹涌的巨浪狂涛!

他表面上看去十分平静。病床四周乳白色墙壁反射的柔和光线照在他瘦削的脸上,看不出他的神态与平日有什么不同。然而他已经几个昼夜没能入睡了。在生活过的37个年头中,他还从来没有过最近几天里同时感受到的巨大悲哀与狂喜,他的心潮一刻都平息不下来。几天前,他被从骨科转移到呼吸科病房时,趁护士不在,他偷偷揭开蒙在输液药瓶上的黑布,他看清了那是专用于抑制癌细胞生长的化疗药物,他明白了,他的病不是腰肌劳损,不是胸膜炎,他患的是肺癌骨转移,已造成胸椎病理性骨折,随时都会有高位截瘫和癌组织侵入大脑的可能。就在他被这惊惧、悲痛、绝望深深攫住的时刻,他竟意外地又得到了一个振奋人心的好消息;解放军文艺出版社将出版他的长篇小说《雪祭唐古拉》,这是他埋在心底20年的渴盼啊。悲痛与欣喜都来得那么突然,梦幻一般,他几乎不能相信这都是真实的。但的的确确,一切都不容置疑。他深深陷入希望与绝望的挣扎中。

——节选自《高原之子》

严格意义上讲,《高原之子》是一篇报告文学,但作为一篇军事新闻作品,文章的开头巧妙运用了矛盾化的叙事技巧,通过一系列的"矛盾"缓缓引入故事。当生与死同时撞击着心灵时,张鼎全的内心是十分复杂的,这种复杂自然推动着情节的发展,让新闻产生了强烈的故事吸引力,同时也引导着读者在矛盾冲突中不断探寻究竟、深入挖掘事实真相。

当然,前文我们已经提到,对于宽篇幅的新闻特稿而言,一篇文本中会涉及许多二元对立的元素,包含更多元的人物关系,更宽泛的叙事结构,这些也会使得矛盾更显著。新闻特稿重在讲述故事,而故事是由矛盾构成的,所以对立就成了构成叙事的最基本的逻辑。

再来看延宕化叙事技巧。笔者在《新闻叙事的小小说技巧》一文中提到过"延宕"技巧,这里需要指出的是,在特稿叙事中,延宕的作用是要抑制或拖延故事中激烈的冲突和紧张的情节,以缓解受众的情绪。也就是说,作者通过对过程和情节的延缓和持续让受众始终处于一种兴奋和期待的状态。结果和真相是伴随着事情的发展慢慢呈现的。在延宕化的叙事中,对立的矛盾和人物关系都是在含而不露的状态下理顺的。

新闻特稿经常采用间断性的叙事焦点来达到延宕化的叙事效果,例如分小标题来对新闻材料进行归纳总结。设置小标题,使得行文结构更清晰,起承转合更自然。这也是现在的新闻作品中常见的结构编排方式。但笔者认为,在新闻写作中还是要慎重使用小标题,一名优秀的记者应该是一个"缝制"素材的高手,应该会根据性格逻辑或其他因素组织材料,而不是见文就用小标题,除非新闻素材十分琐碎无法驾驭时才需要使用。当然,对长篇幅的文本来讲,设置小标题不失为一种安排结构的好方法。

除了设置小标题之外,还可以通过改变叙事视角来达到延宕化的叙事效果。这种方法可以是变换故事场景、补充新闻背景、更迭人物视角等,使得文本的戏剧性更强烈。例如:

> 在河南省焦作市紧靠体育场的街道旁,有一片住宅区,里边住的大多是原焦作市第一水泥厂职工。胡同口上,有一个利用楼梯底和楼道空间垒起的小卖部,同时也住着一家4口人,男主人今年59岁,名叫赵斌朋,是位双下肢残疾人。
>
> 2009年11月初的一个上午,赵斌朋正在屋里聚精会神地看一张

《焦作日报》。一位老职工和老伴从外遛弯回来,问他:"看啥新闻哩?""昨晚上中央电视台新闻联播和焦作新闻都播了今年女兵向社会公开招收的国家文件,今天《焦作日报》上登出来了!""噫,还国家文件哩,你闺女想当女兵?那样的新闻不年年都有,你看见哪个老百姓家女孩子当上兵了?!"赵斌朋却咬住口说:"这次可是军委领导说话了,我感到有希望,你看这还有国防部、省军区举报电话……""你家娇龙是行,可现在是商品社会,不上货,没关系,根本不中!就你这下岗职工的女儿,还想当女兵?谁信?"

——《焦作征兵纪事》(《解放军报》2011年11月9日)

这篇文章的开头就是通过从全知视角转换到当事人的限制视角来产生延宕化的叙事效果,使得故事自然流畅地展开,赋予其戏剧化情节推进。

最后一点,陌生化叙事技巧。其实,这已不是一种新鲜的行文编排技巧了,它是让受众从一个崭新的角度去看待习以为常的事物,要求受众摒除惯性思维重新观察和体味平时司空见惯的事物。我们说,新闻是易碎品,新闻十分注重时效性,所以新闻事实具有体现陌生化理论的天然优势。但是,由于当今新闻市场的激烈竞争,新闻同质化已是普遍存在的一种现象,这就使得新闻的新鲜感在受众面前渐行渐弱。

而为了使受众对同一新闻重新燃起新鲜感,就需要在叙事上进行陌生化处理。例如,

邓贵大被杀死的那天,醒来得很晚。早上7点,郑爱芝从床上爬起来,看到丈夫连一个翻身的迹象都没有,平常这个时候,夫妻俩几乎是同时起床,一起吃早餐,然后各自忙碌。但那天是周日,郑爱芝以为这是由于丈夫头一天晚上应酬太累,疲惫还未褪去,所以也就没吵醒他。

"那天很奇怪,他是个生活有规律的人,晚上从来没有超过12点睡

觉,早上也没有迟过8点起床。"她后来回忆说,当时并没有将这点视为不祥之兆。

——《女服务员与招商办官员的致命邂逅》(《南方都市报》2009年5月20日)

2009年,湖北巴东洗脚妹邓玉娇刺死招商办官员邓贵大,此事轰动全国,各大媒体深度介入此事从各个角度进行了解读。而在这次"媒体大合唱"中,《南方都市报》记者龙志发出了与众不同的声音,在"弱女子反抗强权"的基调中,作者用一个悬念式的开头将被杀者邓贵大还原为一个普通人,清晰地再现他平日里的生活场景。这样一种低频处理的叙事方式让受众在陌生感中提升了对新闻事实的好奇感,新闻价值也大幅增加。

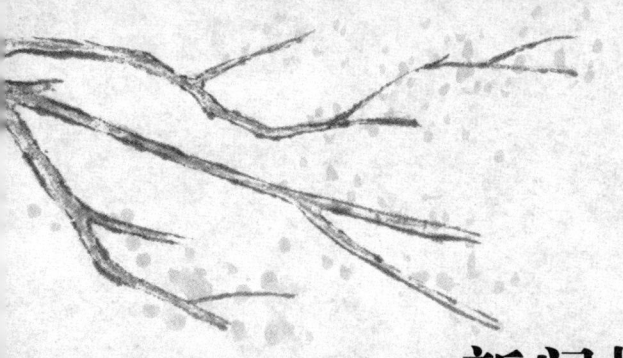

新闻报道作品赏析

课堂：三品战场"味道"

同在一片蓝天下

硝烟弥漫野炊忙

三种角色完成三次转身（节选）

这一刻，我们见证成长

中国学员"亮剑"国际军事院校"桑赛"

最珍贵的礼物

网上演兵：让计算机生成兵力

考研是学习的唯一动力吗？

莫让"口袋书"撑破口袋

战友，你的阅读效果"打几折"？（节选）

课堂：三品战场"味道"

作　　者　曾余、李露松
刊发媒体　军营文化天地
刊发时间　2012 年第 10 期

"我认为，信息化和数字化的关系，就好比信息化是一只手，而数字化这只手变成了拳……"理工大学通信工程学院学员旅二队的教室里，传来热烈的讨论声——在"数字化战场"的课堂上，学员们正围绕战场上信息化与数字化之间的关系进行深入讨论。教员放手让学员主宰课堂，通过多样的教学方法，让学员们在课堂上像品尝菜品一样品味战场的"味道"。

"开胃菜"：全球热点直击数字化

"随着世界军事变革不断深入，数字化在当今军事领域起着关键作用。以后每次上课前都有一道'开胃菜'，我会随机抽点学员上台讲解近段时间国际国内发生的军事事件，从中学习数字化对军事的影响……"第一堂课，教员就抛出"重弹"。

读《解放军报》、看《参政消息》、浏览军网，原本"两耳不闻窗外事，一心只读圣贤书"的学员们开始到处搜集关于数字化的时事信息。有备而来当然从容不迫。第二次课一开始,潘教员还没来得及抽点,学员们已经争先恐后地举起了手。"即将发射的'神舟九号'载人飞船,突显了我国在高科技领域的先进技术……""某国武装力量在我国沿岸增强侦察力度,其中包含许多数字化侦察手段……"大家你一言我一语,将一周来的全球热点问题说了个遍,并分析数字化对事件的影响。随着活动的深入,学员们渐渐喜欢上了这道课前"开胃菜",他们还给这项活动取了个很好听的名字——"全球热点链接"。

"以前只关心最近发什么了什么大事,听了战友们的分析,发现原来我们学习的知识在军事领域有很大作用。"活动的开展明确了学员们对自己的定位,激发了他们学习、训练的热情。

"正餐":学员主导"战场"

"今天由我来给大家讲讲数字化战场的预警探测系统……"品尝过"开胃菜",学员王鹏不慌不忙地走上了讲台。

为什么是学员来讲课?"课堂即战场,让学员主导战场,才能更好地发挥课堂的作用。我们将整个课程分为十个专题,学员之间自行搭配组合讲解其中的任意专题,教员负责补充和纠正学员在讲课过程中的观点。"潘教员说。

"王玉,请你分析一下预警与探测之间的联系。""下面我们通过观看视频了解预警机。"——学员王鹏通过多样的教学方法将预警探测系统的重要内容讲得活灵活现,台下的学员听得津津有味。学员王鹏的课一讲完,潘教员就开始对授课内容进行细致的点评。"虽然我讲的课还存在着不足,但在备课过程中,我和小组成员学到了不少课本以外的知识。"走下讲台的王鹏说。

"下午茶":观点"针锋相对"

如果说"开胃菜"和"正餐"让学员们品到了战场的"味道",那么,以"针锋相对"为主题的"下午茶"则令人震撼。

"数字化战场使部队从单兵到各级指挥员具备战场信息的获取、传输及处理功能……""数字化战场是进行信息化战争的基础……"针对数字化战场与信息化战争之间的关系,学员们的讨论一度进入白热化,也将课堂气氛推向了高潮。"结合有关数字化战场的相关知识,有针对性地开展讨论活动,对容易混淆的概念进行分析讨论,培养学员们从多个角度观察分析问题的能力。"潘教员也加入到了学员们的讨论当中。

作者手记:标题是文章的"眼睛"

● 曾 余

教学新闻永远是院校新闻的"主打曲",而课堂则是教学中最鲜活的部分。大四上学期,我们专业开设了《数字化战场》这门课。与以往传统的教员讲、学员听的模式不同,教员在第一堂课上就将这门课分了10个专题,要求学员之间自行搭配组合讲解其中的任意专题,讲完后学员再对所学专题进行讨论。并且,每节课前的10分钟用来分享世界各国近段时间关于数字化的时事信息。我亲身经历了这种打破传统的教学模式,还亲自准备课件上台讲课,受益匪浅。所以我就以叙述性的写法将一堂课写成了一篇新闻稿。

当徐老师看过这篇文章后说:"学员主讲、课堂辩论是我们平时常见的教学方法。要想将课堂新闻写得'清香可口',还得从文章的标题、材料的选取与组织、语言等方面着手重新'配料',精心'烹饪'。"徐老师的这句话点醒了我。之后,我根据徐老师的比喻,创新了文章标题,将上课的流程分为开胃菜、正餐、下午茶三个方面,使文章的标题一下变亮了,文章随后也顺利发表。

【赏析】

有关课堂教学的新闻比较难写,一是教育教学改革一直都是院校新闻的报道重点,这类新闻并不少见,想跳出窠臼写出新意并不容易;二是课堂教学模式比较固定,一教室一黑板,教员在台上讲学员在台下听,这是传统的教学模式,这样的课堂不比训练场和演练场有动感,所以在写作上也很难有突破。难写,但还要写,该如何写?俩字:讨巧。从这篇文章来看,作者在写作中两处"讨巧"。首先,作者没有简单地从课堂教学手段的变化直接入手来写教学改革,而是突出了军校教学的特色——战斗力生成,选取《数字化战场》这门"军味"浓的课程作为素材,让课堂与战场无限接近,以军校教学的特色内容来展现教学改革,突出显示了军事新闻的宣传导向作用和新闻价值。其次,文章以"开胃菜"、"正餐"、"下午茶"作比喻,增强了课堂教学的形象感和行文的节奏感,将整个课堂的教学过程更直观地展现在了受众面前,增强了文章的可读性。

同在一片蓝天下
——理工大学工程兵工程学院学员假期赴西部支教纪实

作　　者　张琨、王海龙、尚建伟
刊发媒体　中国军网
刊发时间　2011年9月7日

编者按：今年暑假，来自解放军理工大学工程兵工程学院学员旅的三名学员联合兰州大学、空军工程大学、兰州商学院、广州大学的六名大学生来到甘肃省兰州市榆中县，为其下辖的太子营、大营、许家窑等三所小学免费义务支教。期间，他们的所见、所闻、所感、所思，总能引起发自内心深处的思考。

今年暑假，我们有幸和其他地方大学的同学一起到兰州榆中县下辖的三所小学支教，同时也有机会走进西部，感受西部。这段时间虽然很短，但可能是我长到21岁以来，过得最难忘而有意义的了，每天都有授课任务，而每堂课又都收获着感动、震撼和欣慰……

感动：只要让我读书就很快乐

按支教组行程，7月18日下午，我和兰州大学、空军工程大学的两位同学来到甘草镇许家窑村授课。颠簸了两个多小时,最终在一个很偏僻的角落里到达了目的地——许家窑小学。说学校并不恰当,只是一个临时授课点,设在村头的一间矮小房子里,总共有35名学生,他们是接到通知后从周边村庄赶过来的,最远的13公里。教室很简陋,又没有电扇,但孩子们的热情很高涨,脸上挂满了笑容,上课时都很认真地瞪大眼睛注视黑板。

课上,我负责向他们讲授科普知识,主要是一些先进的地雷和目前各国的高尖端武器。就在讲到智能地雷时,一名学生的提问着实让我们感到惊讶。

"既然地雷已经那么先进,为什么还能被排出?"

"因为探测设备比它的性能还要完善。"

"能不能在引信上入手,研发一款不能被探测设备排除的地雷?"……

他如此专业的问题让我非常惊讶,最终,费了好大工夫才完全回答了他的问题。

他叫刘世博,念五年级,成绩全校第一。通过交谈,可以感觉到他读过很多书,知识面很广。就在前几天,邻居还送了他一本旧的百科全书,今天提出的问题也是从那本书上看到的。他家里经济条件不好,几乎没钱买书,但这并没有影响到他对知识的渴求。平时经常借别人的书看,同学们也都乐意把书借给这个"小天才"。有时候高年级的学哥学姐,也会把一些旧书本拿给他。老师们对他也很关注,方便之余,总是为他提供书籍。正是凭着强烈的求知欲,他的知识储备已远超于同龄学员。

"平时我并没有过多在意家里的情况,只要让我读书就很快乐!"提及家庭状况,他表现得平和乐观。

在辛酸于他的境况时,我更多的则是感动。最后,我们送他一本《科技之光》,希望能为他的求知之路点亮些微光。

震撼：弟弟接过哥哥的担子，传递爱的接力

19号上午，我们来到甘草镇大营小学。进入授课点，一个写着"协进励志教育"的塑料牌子映入眼帘、格外醒目。一个青年出来接待我们，约摸二十多岁的样子，名叫杨海龙。慢慢地，我们聊起这个"协进励志教育"，背后的故事随之也就被拎了出来。

"协进励志教育"并不是什么正规机构，就是个补习班，主要是利用假期负责组织附近村庄的孩子们补课。他的发起人是杨海龙的哥哥杨天龙，哥哥几年前考入了中国农业大学，目前"协进励志教育"就靠弟弟杨海龙组织。

"我哥在农大，学的是育种专业，现在我们这里种的'水果玉米'就是他们研究组搞出来的，非常抗旱，产量很好！"提及哥哥，杨海龙满脸自豪。

相比于哥哥，杨海龙没有那么幸运，2009年高考失利后就一直待在家里。村里像他这样的很多青年，高考失利后，都出外打拼，寻求一片发展天地。当问及海龙今后的想法与打算时，他说："哥哥现在学习紧张，根本没精力顾及补习班，但他希望我把它办下去。我也有这个打算，这样假期时娃们就能有个地方学点东西。"

近几年，农村留守儿童问题日趋突出，之前备受孩子们期待的假期，现在不再是"香饽饽"。"我就是娃们的'头'，假期时能领着他们。如果我一离开了外出打拼，虽然也能挣点钱，但娃们就没了依靠，我舍不得。"他讲到。

杨海龙现在在家做些小生意，假期就组织孩子们补课。"做小生意的优点是时间安排比较灵活，既能稳定日常收入，又能不荒废娃们。"另外，哥哥杨天龙每年也都会介绍大学同学来这助学。今年暑假来的两个就是他的研究生同学。

一个在北京，一个在老家，兄弟俩就这样传递着这支教育接力棒。

欣慰：当军医后，就能为别人免费瞧病

触动，还远不止于此。

得知我来自军校，四年级学生牛海鹏主动跑过来询问如何才能既当医生又当军人。我告诉他长大后可以考军医大学。被问起为何有这种想法时，他讲出了自己的故事。

原来，他奶奶常年患有白内障，由于家里拮据，难以承担高昂的医疗费用，多年来，老人就一直生活在灰蒙蒙的世界里。党的政策最终还是惠及了这一家人。去年寒假，兰州军区组织军医组免费问诊，奶奶很幸运，免费做了手术，老人的世界又充满了色彩。

"我要当军医，那样就可以免费给那些瞧不起病的人医治！"一次军医组免费问诊，温暖了孩子们幼小的心，一次爱心的播种萌发了他们感恩的信念；同样，孩子的一个发自内心的愿望也感动了我们，让我们看到了爱的延伸。

像牛海鹏这样懂得感恩的孩子们还有很多。最后一堂课结束时，孩子们用自己的方式表达了对支教组的感谢。

四年级的牛晓燕折了一个心形折纸，用彩笔写了这样一段话："大哥哥，大姐姐们，你们不远千里将爱心传给了我们，我长大后也要像你们一样，为更多需要的孩子们补课，把爱心传递下去。"

简单的一句话，虽然听起来还显稚嫩，但流露的却是最美的赤诚。弹指一挥间，他们长大成才，感恩社会国家。

其实，受到教育岂止只有孩子们，我们又何尝不收获感触。从他们身上，我们看到了那种对求知的渴望与热忱，感受到了人们内心深处的那一份纯真。

此时此刻，我对当代革命军人核心价值观中"热爱人民"这四个字的含义，有了更为深刻的理解。更多的时候，我们不应只停留在口头上的表态，更要有所付诸，有所担当，用实际行动来诠释作为一名军人的使命担当！

作者手记：主题是文章的灵魂

● 张 琨

2011年暑假，我随战友到甘肃兰州榆中县的三所小学义务支教。短短一周时间里，我被太多的触动和感悟充盈着。最初，只是把《同在一片蓝天下》当成随感日记来写，权当值得回忆的经历记录下来。最后，掩卷深思，我总觉得意犹未尽，于是就有了想写通讯的冲动。

下笔整理通篇文章时，面临两个问题，第一是主题如何确定？如果单纯地就事论事，整篇文章就显得太过平淡，立不起来，不能给人留下深刻印象，就是一个败笔。那么主题从哪来？怎么定？第二，写作手法运用得不好，文章里就会透漏出自己的影子，感情成分太多，主观色彩浓厚，这是写作大忌。于是，在犹豫不决时，我去请教徐老师。他给我讲，现在有关支教，在地方大学也很常见，本身不具有新鲜性。因此，绝不能把这次支教简单看成是一段经历、一个游记、一次旅行，而应该立足于更深层次的收获、震撼和教育。这样，才能挖掘出这次支教活动的意义，文章也才更有深度，更有了拔高的空间和立得起来的支撑，也就有了灵魂。当时，全军正大力开展培育当代革命军人核心价值观主题教育，第一条就是"热爱人民"。徐老师告诉我，把主题确定为"在支教过程中领会'热爱人民'四个字的深刻内涵"。于是，全篇就围绕这个主题去写，文章也一下子有了灵魂。包括文章最后一部分的选材，当时有一个军医组免费下乡巡诊，群众反响都很强烈，纷纷表示感谢党的好政策。有一个小孩明确表示，长大后也要当军医，既从军报国，又能服务人民。这样一个例子又和中心相得益彰、扣得很紧，好好加工后，果然达到了升华主题的效果。

第二个大问题，是如何把作者的影子从文中摆脱出来。我是支教活动的全程参与者，每天都在收获着感动和思考。所以，在整理稿件的过程中，总想通过发表议论的方式，把充盈在内心深处的情感一股脑表达出来，而不是想着借助素材。写到"杨海龙兄弟接力办学"那一部分，我就情不自禁地加上了一句抒情："他们这种至真淳朴的情结真值得我们年轻人学习"。当然，作为一种写作手法，用抒情本无可厚非，关键就是如何处理。后来徐老师指点，"我们写通讯比较喜欢用朴实的白描手法。这种表现手法有时要借助语言的音响和色彩来加强效果，但主要依靠事实、形象、思想来打动读者。它的特点是能浮华落尽见真谛，从平凡中见到深刻，在沉静中间热烈；尽量做到自然流露，不事雕琢。运用白描手法的难度很大，需要较高的驾驭文字的能力，更需要反复锤炼和推敲。当作品一经完成后，读者从中看到的只是真实的生活本身，看不到作者斧凿的痕迹。"慢慢地，我尝试着逐渐地把自己的影子从中抽出，注重让当事人"现身说法"，以他们的话语为载体来表达自己的情感。那样的话，作者就像在放风筝，手里始终牵着线，别人不易察觉，但又的确存在，而且还能按照你的意图忽高忽低，激起人们的情感波澜。

【赏析】

去偏远农村支教本身就是一件很有意义的事情，而支教对象又是留守儿童，这样的支教，意义更是大不相同。虽然有意义，怎样才能将这意义写出来，还能写得出彩，这就需要作者在下笔前费番脑筋了，其实这也是在考验作者选择确立主题的能力。新闻主题是在分析、归纳、综合新闻事实的基础上产生的，然而它又比新闻事实本身更深刻。并不是每个事实都能成为报道主题，这就是我们所说的，文章不是就事论事地记流水账，要解释出事物的"灵魂"。这次支教具有特殊意义的原因是来自学员的军人身份，作为人民子弟兵，全心全意为人民服务是宗旨、是义务。当年又恰逢全军开展培育当代革命军人核心价值观主题教育，支教活动契合价值观中"热爱人民"这一条，以此确立为文章主题是再合适不过的了。

文章发表后,有网友对文章是否该用第一人称写作提出了看法,认为文章既然是纪实,那就与第一人称的写作形式不符。我想,这或许是阅读的定势思维使我们对纪实类的稿件产生了要以第三者的身份看待新闻事实的阅读体验。其实,纪实就是记录真实情况,以第一人称来写作并不是不可取的。第一人称常常用于亲历式报道和体验式报道,在这篇文章中,作者以当事人的身份参与到情节中来,与作品中的其他人物及读者进行情感和语言的直接交流,实现了心灵的直接对话与碰撞。我想,这也是这篇文章被评为优秀稿件的原因之一。

硝烟弥漫野炊忙
——野战炊事车战场作业扫描

作　　者　李博
刊发媒体　中国军网、国防部网
刊发日期　2012年6月14日

南京东郊,硝烟滚滚,信号频传,各作战单位厮杀正酣,演练逐渐进入高潮,不远处,几辆野战炊事车也悄然开动。

选好灶址、展开设备、点火、预热油锅……记者看到,野战炊事车上,主副食灶、野战燃油炉、排油烟机等炊事设备一应摆开。

"这是野战燃油炉。"厨师杨师傅介绍起装备来如数家珍,"它使用高压让柴油燃烧充分,不会留下烟熏火燎的痕迹。"他边说边把淘好的米倒入蒸锅,"这个锅就像电饭煲一样,米饭蒸熟后会自动保温,不会出现以往夹生、烧糊的现象。"

只见其他炊事车的厨师煎、炒、炸、煮样样娴熟,每辆车配的厨师分工协作,紧张而又无丝毫忙乱,一曲"战地锅碗瓢盆交响乐"渐入"佳境"。

40分钟后,色香味俱全的红烧肉、红烧鱼块、青椒豆干、手撕包菜等菜肴新鲜出锅,米饭蒸锅也跳到了保温模式。据食堂经理介绍,一辆野战炊事车可在45分钟内做好可供150人食用的四菜两汤。

分发完菜品,他们仅用3分钟就将所有炊事装备撤收完毕,现场未留下任何痕迹,一切如常。

"今年所有参演官兵的饭菜全部使用野战炊事车进行保障。它效率高,隐蔽性好,机动性强,更符合实战的要求。"演练后勤保障组负责人告诉记者。

作者手记:离现场近些,再近些

● 李 博

我大三上学期开始接触新闻,半年后跟学长一起到《军理工报》学习。有一次徐老师给我讲"新闻需要逆向思维",特别是"上海男排八连胜"的例子我记得很清楚,让我对新闻的写作思维方式有了很深的感悟。

我在大三、大四经历了两次综合演练《战地快报》的编排工作,那是我新闻写作和报纸编辑能力提升最快的一个阶段。2012年综合演练伙食保障全部使用野战炊事挂车,徐老师安排我专门去抓这个新闻,可是经过几天的摸索,我还是丈二和尚摸不着头脑。徐老师建议我多问问厨师和参演官兵。仔细一问,还真有不少素材:厨师做饭的流程,燃油炉之类的新式装备,菜品的种类,官兵对饭菜的感受。我把这些素材整理后写成稿子请徐老师指导,徐老师看后说稿子太平淡,没有起伏,选材取舍也不得当。他建议我多用动词、短句,通过视觉、触觉、嗅觉来描写做菜现场的火热,用时间数字来突出保障的效率,用前后的保障方式对比突出野战炊事车的优点,并且要留心观察排烟量、撤收速度、机动保障能力等与实战相关的细节。听了徐老师的讲解,我豁然开朗,随之,一篇短小精悍、信息量大的文章《硝烟弥漫野炊忙》在《战地快报》一版发表,还转载到了中国军网上。

到了任职培训学院,我首先接到的任务就是采访学院的一个青年专家,他的故事很多,我整理后写了一篇3 000字的稿子发给徐老师请他指导。徐老师帮我梳理出了几个能突出人物性格特点的重点例子,又在电话里告诉我,写人物要先想好给读者展现人物的什么特点,再针对这个特点选择例子,千万不能求多。看着文档里红色的批注,我真的感受到,即使离编辑部再远,心也是不孤单的。

【赏析】

在军事新闻的众多分类中,军事后勤新闻是学员日常生活中接触比较少的一类。对于采写这类新闻,学员缺少的是经验。在野外驻训中首次使用野战炊事车,这装备是什么样的?怎么使用?使用的效果怎么样?利不利于战时隐蔽?这些问题都可以构成新闻,而将这些问题的答案聚在一起也必将是一篇好新闻。

本文从还原战场实时动态入手,开篇即营造出紧张的战时氛围,从而为野战炊事车(新装备)的使用效果设下悬念、埋下伏笔,让受众带着"这车到底好不好用"的疑问迅速将视线扫向下文。接下来,作者使用了一系列的动词和短句加快了行文节奏,符合战场紧张焦灼的作战状态,同时也将野战炊事车方便快捷的使用特点呈现出来。除动词和短句外,作者注重从客观对象本身特点出发,在突出野战炊事车保证饮食色香味俱全的同时还把装备隐蔽性能好、利于战时使用的优点体现出来,全方位展示了装备的良好性能。

三种角色完成三次转身(节选)
——理工大学指院三队多方位提升学员任职能力侧记

作　　者　汤格平
刊发媒体　中国军网
刊发日期　2010年10月26日

走进地方高校的"好教官"

　　回想起开学初在南京工业大学的十五天军训生活,学员"教官"李建感慨颇深:"带兵需交心。"他用相机记录下了这段难忘的时光——刚到南京理工大学时学员们正步入场赢得大学生们经久不息的掌声,学生们因为一次次练习举枪瞄准而皮肤磨破后迷彩服上渗出的殷红,在炎炎烈日的烘烤下慢慢由白变黑的脸蛋,夹道欢送时众人流下的惜别泪水……难忘的岁月,都一一定格为张张珍贵的相片,也珍藏在了学员们的内心深处。

　　今年国庆节,大学生丁伟来到队里看望他的"教官"李建。"军训期间,李教官给了我很多帮助。军训结束后,我感觉自己仿佛脱胎换骨,变了一个人。"据丁伟讲述,他初中时父母离异。在经历了家庭变故之后,缺乏关爱的丁伟变得孤僻和叛逆,整天将自己锁在房间里,不爱与人交往,即使有苦恼有困难也只是一个人孤单地默默承受。军训刚开始时,李建就注意到了丁伟的异常表现——训练偷懒、作风松散、不服从指挥。在了解了丁伟的情况后,李建走出了和丁伟谈话交心的第一步,训练中、生活中无论丁伟有什么困难李建总是主动去帮助他,在一次次的努力之后李建终于成功地敲开了丁伟那扇紧闭的心门,两个人也成为彼此交心的好朋友,而丁伟也将自己重新定位,昂首挺胸地走在了队伍的最前列。

谈及丁伟的故事,李建把自己的心得道出与记者分享:"在带大学生军训时我不止一次地这样叩问自己,如果以后走向工作岗位,遇到了这样的战士该怎么办?我想,只有深入战士的心里,了解他们的所需,解开他们的心结,才能更好地引导和帮助他们摆正心态,少走弯路"。

作者手记:以逆向思维发现新闻

● 汤格平

新闻贵在一个"新"字。然而,要做到笔下常含新意绝非易事。作为一位院校的新闻报道员,笔者常有这样的疑问:日子一天天平平常常过,哪有那么多新闻可写?自我剖析后,笔者发现,这种"找不到新闻线索"的困惑归根结底还是因为缺乏发现新闻的敏感性。

徐老师说:"军事新闻要常新常写,常写常新。"笔者有一次针对学员队一场捐款活动怎么也找不到新闻点,和老师交流体会时才恍然大悟:"写新闻必须要有新意,就是要满足读者'猎奇'的心理!"无论是从事件选材本身,还是写作方法与形式,敢于创新,不落俗套,与众不同,才能让编辑和读者有耳目一新的感觉。

在院校,学员新闻报道员撰写的人物稿件中,主人公大多是学习尖子、训练标兵、业务能手……不容否认这些人具有典型性,有宣传和报道的价值。但若媒体千篇一律报道的都是这类人物,受众也会感到"味同嚼蜡"。笔者曾在徐老师的指导和帮助下,在校报编辑部编排过几期"感动军理工"人物评选的报纸,对于很多原始稿件中存在的"不同的典型,同样的面孔"现象很是头疼。

以逆向思维培养新闻敏感性,这是徐老师经常教育笔者的话。由此,笔者联想到高中时语文老师在教育学生创新思维写作时曾援引敦煌壁画"反弹琵琶"的例子,在众多壁画中,"反弹琵琶"跳脱雍容、华丽的模板,能够不落俗套而得以历久弥新、耐人寻味,吸引专家学者潜心研究和探讨,如痴如醉。

笔者的同学,另一位学员报道员曾向老师咨询这样一件事情:学员队有一个意见箱,起初学员们反映意见异常火爆,但现如今好久没有开启,因为渐渐地几乎没有学员向队党支部反馈意见了,没了意见也就没了新闻。老师点拨:"这本身不就是新闻吗?学员队正规化建设越来越好,学员们提的意见被采纳落实,问题自然越来越少。"观念一变天地宽!视角一变,一篇好新闻随之产生。

笔者所在学院在参加当年的大学运动会时成绩并不理想,这本不是好的新闻点,所以报道员一时间"万马齐喑"。经过老师的指点,笔者注意到学院推荐的团体操节目获得开幕式演出第一名的好成绩,笔者以参加演出官兵的辛勤排练为切入口,以《这不仅仅是属于运动员的赛场》为题采写了三位参加节目排练的非典型人物,讲述精彩开幕式演出背后的故事,稿件最终被发表出来。再比如这篇文章,笔者所在学院学员先后下部队实习、入南京工业大学带军训、备战大学"精武杯"军事对抗赛等事件均已被其他新闻报道员采写过,笔者根据徐老师指导的"以点带面增强新闻价值"的思想,以《三种角色的三次转身》为题表现了学员"好士兵"、"好教官"、"好学员"的三种角色切换,以点带面,折射出学院在人才培养方面做出的努力,稿件最终也发表出来。

【赏析】

这是一篇典型的工作通讯,它所记录的内容并不新鲜,部队实习、新生军训、训练比武,这是每年都会在军事院校发生的常规工作,所以,从这个角度来看,它们的新闻价值并不大。但从宣传价值来看,这三点都站在了"点"上。要在新闻价值和宣传价值之间寻找一个平衡点,这就需要新闻工作者在为文章"立意"时另辟蹊径。

既然事件本身的宣传价值大于新闻价值,还要以新闻的形式展现,在成文时就应该"增强新闻价值",这样,文章才具有可读性。怎么办?一是以点带面,不以笼统的叙述总结成绩,而以具体的例子展现群体;二是以细节取胜,这就是讲故事。从本文来看,这两点都做到了。

这一刻,我们见证成长

——记南京工业大学 2011 级新生军训汇报表演

作　者　王　杰
刊发媒体　中国军网
刊发日期　2011 年 10 月 2 日

9 月 25 日上午,南京工业大学的训练场上,掌声雷动,呼声震天。该校 2011 级新生军训汇报表演正在这里举行。

9 时许,随着南京工业大学党委书记王德明教授一声令下,南京工业大学 2011 级新生军训汇报表演正式开始。

在阅兵总指挥、新生军训旅旅长陈江山的陪同下,王书记检阅了参加军训的 6 000 多名新生军训方阵。

分列式上,由 104 名新生组成的第一持枪方阵,在雄壮的军乐声中,迈着坚实的步伐走过观礼台前。在过去的一周多的时间内,他们在 5 名教官的严格训练下,队列水平有了很大的提高,已经初步具备了一名军人的外形。

不爱红妆爱武装。紧随其后的是由 101 名女生组成的护花方阵。女生们头戴红贝雷、身穿白短袖、红裤裙,在阳光下显得英姿飒爽。她们的口号声和高水平的队列动作引起场内外热烈的掌声和欢呼声。在为期半个月的军训中,姑娘们抛掉身上的娇气,抱着与男生试比高的决心,头顶烈日,冒着酷暑,进行枯燥的队列训练。半个月来,嗓子嘶哑了,皮肤也由白皙变得黝黑,但她们从未放弃过,一直坚持下来。在今天的汇报表演中,他们犹如盛开的玫瑰,扮靓了全场。

"百年工大,厚积薄发;振兴工业,强我中华!"震天的呼号声中,新的工大学子们响亮地喊出了自己的决心和责任。喊出这个口号的是新训旅一团四营的第三方阵。这个方阵的学生们,在教官的训练下,不仅学会了队列动作,还培养出了强烈的责任感和荣誉意识。

"敬礼!"

随着观礼台上新训教官李强飞的一声令下,新训旅一团六营的9名教官整齐列队,向六营的三个方阵行举手礼。台上教官的眼中充满欣慰和骄傲;台下学生的神情尽显感谢和自豪。

在这半个月里,六营的教官和学生们结下了深厚的情谊。训练场上,教官们把学生当成战士对待,严格要求,刻苦训练;训练场下,他们又成为学生们的兄长,带领学生们做游戏,唱军歌,教给他们为人处世的道理,帮助他们规划自己未来四年大学生涯。正如李强飞所说的,"训练场上对他们严格要求,训练场下要真心地爱护他们。作为教官我们要对他们的健康成长负责。"

谈话间,27个受阅方阵踏着雄壮的军乐声,先后走过主席台。"请看女子拳术方阵表演。"随着阅兵总指挥命令的下达,女子拳术方阵跑步入场。

"杀、杀、杀……"

女生400人拳术表演方阵正表演着军体拳第一套动作,她们整齐划一的动作和豪气冲天的气势,让娇柔的身躯变得高大起来,美丽中不失阳刚。全场气氛随着她们的表演又再一次掀起高潮。

铿锵玫瑰的盛开,总需要经历风雨的洗礼。当初这些姑娘们才加入这个方阵,看到教官们打出虎虎生风的军体拳时羡慕不已。但随着训练的开展,各种步法、拳法、枯燥累人的基础动作和复杂的拳术动作让她们倍感辛苦,每一套完整动作的结束,女生都是浑身的汗水,有时回到宿舍连洗澡的力气都没有了。

面对这些情况,负责训练的教官们在总教练李冀湘教授的指导下,积极改变训练方法,不搞疲劳战术,更加注重训练效率。休息时,教女生们唱军歌、做游戏、谈心,缓解她们疲劳的心理。最终,在他们的共同努力下,这个方阵成为汇报表演中最大的亮点。

汇报表演结束,全体军训教官和新生起立立正,庄严敬礼,眼含热泪,久久对视。学生们高声呼喊着自己教官的名字,掌声经久不息。

这次军训虽然只有半个月,但在这半个月里,大家收获的不仅仅是一个个实实在在的成长,更结下了深厚的情谊。

新生孙涵禹说道:"通过军训,我加深了对部队、对军人的理解。我们从教官那里学会了很多人生道理,成长了很多。"他向笔者敬了一个标准的军礼,向笔者"炫耀":"看我的腰杆直吧,胸怀够宽广吧?教官教的。"说完,向笔者调皮地扮了个鬼脸。

新生沈家政在发给教官的短信里说:"教官,谢谢您这半个月来教给我们很多东西。以前我认为明星最帅,但现在我认为军人最帅。我以后有机会也要穿着军装和您并肩战斗"!

教官谌学兵在谈到此次军训时告诉记者:"新训是对自己组训能力、管理能力、交往能力等各项综合能力的一个很好的锻炼机会。通过军训,自己的能力水平有了很大的提高"。

作者手记：这一刻，见证我的成长

● 王 杰

《这一刻，我们见证成长》采写于2011年9月。那年夏天，当时还是解放军理工大学学员的我们到南京工业大学负责2011级新生军训。在一个月的时间里，我们见证了学生的成长和进步。同时，我们自身素质也得到了很大提高。这期间，我们开心过、生气过，一起在烈日下暴晒，一起在晚上看夜空，和学生结下了深厚情谊。

最后阅兵时，我看到学生队列整齐，身板挺直，军容严整，心里特别高兴和自豪，激动得热泪盈眶。离开阅兵场，学生们集体起立向我们敬礼送别；坐上车离开，车窗外一双双哭红的眼睛让我们的眼泪失控，奔涌而出。

军训结束回到学校，我仍然沉浸在对学生的怀念中，立即拿起笔，迅速写下这篇文章的初稿。

当时写下七个故事，时间跨度从军训开始、军训中到最后军训结束阅兵。内容也涵盖了各个方队队列训练时的情景，男生女生军体拳方队的训练，训练中教官与学生结下的情谊和最后阅兵的场景。虽然自己也感到内容有点混乱，但还是难以取舍。

当我把初稿拿给徐老师看时，徐老师告诉我，"第一感觉是看不明白。"我把自己想表达的"学生通过军训成长进步了"的意思告诉徐老师。听完我的介绍，徐老师逐句逐段分析我的文章。

首先是标题"这一刻，我们见证成长"。标题是整篇文章的核心，他告诉我，既然写的是"成长"，文章就要围着学生吃苦精神、拼搏精神、团队意识、荣誉意识等方面展开。并且最好是一个事例表达一层意思。听完建议后，我把稿子拿回去作了修改。此后，文章在徐老师的指导下反复修改了几次。

最后一次修改，徐老师放下手中的工作，和我一起逐字逐句推敲文章。在长达一个多小时推敲中,徐老师还结合我的文章告诉我要多用动词,多用短语,这样文章才会有动感。他说:"能用一句话说的,绝不用一段话,能用一个词的,绝不用一段话,能用一个字的,绝不用一个词。"以此来告诉我作文要简练。他还用两个不同的字进行比较,告诉我什么是严谨……

最终,文章从最初白开水似的记叙文,变成主题思想明确、语言生动、情感真挚的特写。

在我众多的同学中,享受这种待遇的绝非我一人,很多同学都对徐老师的责任心赞不绝口。尽管指导我们写作,徐老师要花费很多时间和精力,但他依旧耐心细致地当好我们写作路上的导师。

【赏析】

这同样是一篇以带训为题材的新闻。每年带训结束,学员都会写来大量有关带训的稿件,内容大多是学生的转变和教官的感受,形式大多是"三段论"式的叙事结构。这篇文章其实同样也反映了学生转变和教官感受的内容,但读来让人耳目一新,源于作者的两点创新。

一是选取的角度与众不同。军训的汇报表演是整个军训的一部分,是最后一部分,也是最重要的一部分。选取这个角度来全景展示军训成果更具有说服力,也跳出了以往只写军训过程中学生与教官之间故事的窠臼。二是在谋篇布局上采取了双线交叉的结构。作者没有就事论事地来写汇报表演,而是将汇报表演的现场所见与平时训练的点滴情节有机穿插在一起,整合为一篇类似于电影中时空交错的新闻特写。现场情景与场外背景相结合,使新闻内容含量更为丰富,主题表现更加多元,行文的节奏感更强,文章也变得更富感染力。

中国学员"亮剑"国际军事院校"桑赛"

作　　者　高扬
刊发媒体　中国军网—青年军事网
刊发日期　2012年5月10日

向国伟探着脖子，只觉身后的美国兵几声唏嘘，"China"……

"我们吗？"

"第一次参赛，中国代表队：总评成绩第四名！"

4月底，美国西点军校，国际军事院校"桑赫斯特竞赛"颁奖典礼，全场8个国家56支代表队的600多名官兵同声惊呼。而直到队友王纪伟猛地拽起他的胳膊，向国伟才敢肯定，"是中国，我们第四名！"

60多天准备，2天进行9个项目的角逐，理工大学参赛队代表中国第一次出征"西点"，"亮剑"国际舞台。队伍中有11名学员，向国伟就是其中一个。

当晚，向国伟在笔记里留下一句话，"有'桑赛'这一仗，大学四年无憾了！"

这一句，至情，至性，推心置腹；这一句，有气，有力，掷地有声。

他没再说别的，对着东方的星星点点出神地瞭望……

决战：肩扛责任，敢把热忱洒他乡

"西点"赛场，八面国旗平齐而立，五星红旗赫然在列，猎猎风中。

比赛头一天的餐桌上，外军学员向队友尹以才挑战，"掰手腕，敢吗？"身材瘦小的尹以才怒起，2秒内将美国兵按倒，之后又力压加拿大学员。

整个餐厅陷入窒息，欧美国家学员虎视眈眈，11人心潮澎湃。赛前心理的抗衡，向国伟如芒刺背：参加国际大赛，决不能丢中国军人的脸！

第一天的2个项目，成绩差强人意："定向越野第44名，射击第39名……"

每个人都懵了，而向国伟知道：这个责任多半在他。

集训第一阶段末的基础知识考试，向国伟取得定向越野部分最高分。实地训练，谁来负责地图定向定位？教练王文龙一锤定音，"向国伟！"

比例尺1∶50 000的完整训练地图，错一毫，实地偏差就是数十米。不仅如此，9个比赛项目的转场也需按图行进，转场时间计入总成绩。向国伟心知这意味着什么。

之后十多天，他指挥尺寸不离身，甚至连上厕所都带着地图，队友杨永顺调侃，"集训两个月，你得用坏多少张地图？"

向国伟没回答，却交出了另一份答卷：7分钟独立标定25个点位，比规定时间提前3分钟；判定方位，11次不同路线训练，精确率达到100%。

而赛前，始料未及——参赛队配发美式1∶10 000遥感地图和指南针。"所有装备都是第一次接触，地形难以识别。"

太难。比赛开始，仅第一个点，参赛队就兜了3个圈子，比正常时间晚了1个半小时……

第44名！失败如"板上钉钉"，而第二天还有6次转场的定向定位。那时，向国伟足足沉默了20分钟。

"我们死活跟着你走!"女队员李青打破沉默,"祖国在看着我们。剩下一天,横竖都拼了!"

10个人不约而同朝他竖起大拇指,向国伟环视,低头一顿,挥了挥地图,侧耳便是一笑。

向国伟转身走进学习室,队友们看得出来,他手中的地图,一纸千斤。

第二天,7个项目的转场路线判定,向国伟几乎没打一个咯噔,一路挺进。原定在战场急救项目前预留午饭时间,而参赛队抵达休息点半个多小时后,美军的干粮运输车才"姗姗来迟"。

成绩公布:转场时间排名第十,力挽狂澜!

"国伟",人如其名,队友们笑了,向国伟也笑了。

奔跑:潮起潮落,何尝不放手一搏

向国伟是谁？在此前,这个名字几乎不为人知。

2008年9月,重庆彭水苗族自治县。隔着火车的车厢玻璃,里面,是去南京读军校的儿子,外面,是一个退伍的老侦察兵。老向只留给儿子六个字,"当兵能锻炼人。"

乌江纵流,急转飞溅。

他是这片土地的儿子,天生有着苗家汉子的坚韧,也注定了会有惊涛拍岸的奔涌。

刚入学,向国伟一直少言寡语,性格内向。唯一"露面子"的一件事,就是跑步跑得快。

"新训时的3 000米测试,他把最后一名'套'了两圈多。"班员滕双星感慨,"像他这样的体能尖子在部队肯定很吃香。"

萌芽的军旅梦,却逃不过命运的捉弄。大二上半年,一封来自解放军454医院的诊断单让他一度陷入绝望:右脚趾疣重度感染,手术难以彻底根治,唯一的办法——冰冻治疗。

整整一年,脚部无知觉,向国伟几乎没有进行任何强度的训练。前后30多次进入诊疗室,每一次,都是竖着进去,横着出来。大二时的班长杨帅回忆,他时常一言不发,埋头一坐就是一个整点。

"还有梦吗?"这个问题,他问了自己一年;"当兵能锻炼人。"这句话,他也想了一年。而他终究选择的,还是在沉默中爆发——

大病痊愈,他一天狂跑三个5 000米,在两星期后的5 000米考核中一口气跑到了全队第一名!

撒手喷薄。那口气,让向国伟第一次真正走进了大家的视线,以一个英雄的名义。

2010年10月,工院运动会,第一次参赛,向国伟拿下全院1 500米项目第五名;2011年11月,大学运动会,再上1 500米赛道,他获得全校第七名。

一鼓作气,呼之而出。今年2月,"桑赫斯特竞赛"推荐学员选拔考核,全校遴选29人"种子学员",已是大四的向国伟名列其中。

此后,400米×10组、800米×6组、5 000米×2组……据教练蔡文伟估计,12天的基础体能强化,他们跑了不止12万米。

12万米,向国伟没少跑一米。一次武装越野训练,脚底的血泡磨破了,向国伟没吱一声,负重20多斤坚持跑完7公里,到达终点时,战靴里竟倒出半筒的血水……

"上了战场,就全力拼搏!"集训队57天的"魔鬼训练",他咬牙挺了下来,并连续通过3次淘汰选拔,成功"晋级决赛"。

毕业前的最后一战,他将忍了四年的愤懑一吐而尽。

眷恋:顿悟兵心,那人那事总关情

听过向国伟讲"桑赛"的人都知道,他最常提到的几个词是"痛快"、"酷毙了"……而对于"桑赛"的苦,他只字未提。

参赛队的战友知道,他不愿多说"苦",是他一直放不下那些人和事。

入选"桑赛"集训队,然而"桑赛"究竟是什么?向国伟在猜,第二天,教导员顾军就以一个意外的方式给了他答案。

操课前,值班员整队报告,被一旁的顾军一口叫停,"先看看你们的战靴再说!"众人难解。

"我在英国待了一年,从未看见过一双没有擦油的鞋,英国学员把擦战靴当成是军人最基本的事。"曾留学英国桑赫斯特皇家军事学院的顾军出口严厉,而更多的却是忧虑,"你们是中国的代表队,战靴擦不亮,怎能代表中国军人?"

向国伟低头看,脚上一双"闷色调",左脚上甚至泥土泞泞,而顾军的皮鞋却擦得锃亮……

"战靴擦得亮,军人才有风气,才能阳刚。"向国伟顿悟,这里是中国军校学员走向国际的舞台,而前提,是我们拥有一本称职军人的"合格证"。

"军人。"他一个劲儿地问自己,"连军人最基本的东西都做不好,其他还谈什么?"

从那一天起,向国伟起床的第一件事就是擦鞋。队员尹以才回忆,集训队整天在沙土里摸爬滚打,战靴脏了是常事,而向国伟的鞋子却总是最亮的……

一次简单的说教,烙下一个深深的印子。

后来有人问他,参加"桑赛",收获最大的是什么?他说:"也许'桑赛',它最具魅力的地方,并不在于军事素质的对抗,更不是奖牌和功绩,而是那过程中的军旅感怀。"

向国伟说出这句话,是因为这件事,也因为一个人。

很少有人知道,集训队里,向国伟还有一个同学员队的战友。欧阳盼资,从初选开始,与向国伟并肩战斗了近50个日月。

第三阶段末考核,13选11。8 000米武装越野,欧阳低烧上阵,一路领先,向国伟紧紧跟着,心如火燎。

7 400米。他的加油终究是无力的,欧阳倒在了最后一个山洼。

"一起出来再怎样也要一起到终点!"向国伟无数次捏着他的胳膊,喊他的名字,尽力维持他的意识。后面的队员一个个追上来,而直到医生赶来,望一眼苍白的兄弟,他才奔向终点。

淘汰制的比赛。向国伟最后一个"撞线",而终点距欧阳倒下的地方,只有不到600米。

欧阳因伤离队,临行前,兄弟俩紧紧相拥——

"加油老兄,咱俩谁去都一样。"

"放心老弟,我会把你那一份带回来。"

桃花潭水,冰心玉壶。队伍开拔,飞往纽约的飞机上,向国伟和其他队员击掌盟誓:为了战友……

"军人的词典里,还有一个词叫'战友'。这个成绩,应该属于一群人。"叩问"桑赛",向国伟体会到了更深的意义。

回国后的第2天,他就跟队训练。

一条红色的跑道,一个久违的战友,一群热血的男儿,呼哧呼哧,大汗直流。

作者手记:把典型写活

● 高 扬

这篇文章的背景是解放军理工大学作为中国军校唯一受邀学校,首次派出代表队到美国西点军校参加国际桑赫斯特竞赛,并且首战取得总评第四的"开门红",为祖国争得了荣誉。桑赛代表队无疑是一个典型团队。像这样的报道,想必凡是经常读报看报的人都已屡见不鲜,怎么写好、写活,我压力很大,多次找徐老师请教,收获了很多宝贵经验。最终,这篇稿件在"爱军精武谋打赢"征文评选获得一等奖。总结起来,有两点采写体会和感悟。

一是抓住典型的灵魂。我与徐老师做策划时,一起研究了以往写军事五项队等英雄集体争得荣誉的报道,受到这样一条启示:这样一支英雄的团队,必定有着不一样的精神、品质和情感,这就是典型的灵魂,也正是报道的灵魂。报道员要通过素材的充分挖掘,找到能反映典型人物内心世界的故事,这样才能让文章有血有肉,打动读者,引起共鸣,达到催人奋进的作用。因此,这篇文章,能做到把人物剧情发展起末点、关节点和转折点的内心变化写出来就抓住关键了。文中描述了诸多这样的片段,比如向国伟在颁奖仪式上听到获奖消息的感动、在首战不利情况下决心逆转的不屈等等,都凸显了主人公的爱国情怀和顽强斗志。

二是注重细节的描写。徐老师发表过一系列研究新闻叙事的文章,其中对细节描写进行过讨论,有很多独到的见解。研读后,我获益匪浅,懂得了细节描写犹如叙事中的画龙点睛之笔,能渲染气氛、强调情感,表现人物个性、展现事件面貌,又对借鉴特稿的写作手法等有一定的体会。这篇文章,通过反复润色,终于在细节描写上做出了一些亮点。比如文章开头以镜头铺开,吸引力强;各部分描写中运用的长短句搭配,节奏感强;用擦战靴隐喻敬畏军人天职,说服力强;文末刻画一组动静结合的画面,延伸性强。

【赏析】

拿到稿子的时候我眼前一亮,这个开头的写法在报道员的来稿中是少见的。这种场景切入式的开篇一下子就挑起读者的阅读兴趣。对桑赫斯特竞赛的报道在赛后并不少见,人物新闻也有很多,想在这些报道中脱颖而出、写出新意的确不易。作者巧妙地在一篇文章中运用了多种新闻叙事技巧,令文章出彩不少。除了场景切入式的开头外,作者在行文中运用了隐喻思维、叙事断点、变换焦点、延长景深等方式拓展了叙事的维度,增强了叙事的节奏,扩大了阅读的张力。全篇语言凝练不失细节,以情节取胜,全方位展现了向国伟的人物面貌。文章在中国军网刊发时,标题取为《中国学员"亮剑"国际军事院校"桑赛"》,简单明了,但与原标题《"国伟",叫响一颗义胆忠心》相比,稍欠意蕴。从原标题中可看出作者在写作时倾注的主观情感和为全文奠定的情感基调,且"国伟"二字一语双关,既指主人公向国伟历练成长、破茧成蝶,也指"桑赛"队员在异国赛场勇于拼搏,为国争光。而实际上,作为一篇典型人物新闻,这两层含义也相辅相成,缺一不可。

最珍贵的礼物

作　　者　胡孝军
刊发媒体　中国军网
刊发日期　2012年11月21日

　　父亲小心翼翼地接过儿子的"每月之星"奖章，捧在手心，细细地端详着，眼中闪烁着幸福的目光。

　　"这个送给我了！"温和的父亲突然绷起了脸，一本正经但难掩心中的喜悦。还没来得及反应，王锐的奖章已经被父亲收入囊中。

　　这是父亲第一次向王锐要礼物，也是王锐送给父亲的第一件礼物。

　　后来，王锐从母亲那得知，这块奖章成了父亲在老战友面前最好的炫耀资本，"你儿子现在在哪呢？我儿子在上军校，解放军理工大学！还拿了奖章！你瞅瞅看！"

三年军校，父子俩只通过两次电话

　　王锐，理工大学指挥信息系统学院大三学员。他的父亲叫王平，是一名老兵，16岁参军入伍，曾参加过战斗。

　　按理说，两代军人之间应该有很多共同话题，然而三年军校生活中，父子俩只通过两次电话:一次是父亲过生日,一次是父亲右手骨折。并不是因为儿子不孝顺,而是王锐每周都往家打电话,但每次只是和母亲聊天,父亲在一旁听,有什么要嘱咐的话父亲就在电话旁大声喊。"我也想让父亲接电话,和他聊聊天,但每次却欲言又止……"王锐有些尴尬。

父亲的话不多,但句句像是道命令:穿衣服两分钟,刷牙洗脸两分钟,饭桌上不能说话,碗里不能有剩饭……每一句都简洁明了、不可抗拒。在王锐看来,自己更像是父亲的一个小兵,必须服从老班长的命令,自己稍微有些偷懒、散漫,就会惹来父亲的一阵批评。因为父亲的严厉、威严,王锐对他一直敬而远之,很少会主动和他说话,除了喊父亲吃饭。

"他把部队那一套全用在儿子身上了,雷厉风行、说一不二,搞得孩子从小就怕他。"王锐的母亲总是嗔怪"老兵"对儿子太严。

小孩子都喜欢被大人表扬,王锐也不例外。从小学到初中,王锐每次考试都是年级前十名,这可不是一件容易的事。但当他把奖状捧到父亲面前想炫耀一番时,得到的永远只有两个回答"哦,知道了。"或是"我战友那孩子考得更好……"父亲的冷漠、不满足深深地刺痛了儿子小小的虚荣心。在王锐眼里,父亲就像一座高山,看着很近,但想要靠近时却很远很远。

王锐7岁那年有一天,家里只有父子俩人。父亲正看着球赛出神,王锐却嘟囔饿了。王锐抱怨了好一会,见父亲没有理会,便一个人委屈地进了厨房。父亲瞥了一眼,也悄悄地跟了过去,静静地站在厨房门口。

架锅、放油、调鸡蛋……这是王锐第一次做饭。他模仿着母亲,准备做个蛋炒饭。可别小看他,动作还真的是有模有样。正当王锐沾沾自喜,准备享受美味时,父亲却冷冷地放了一句"笨蛋,没放盐!",然后便走开了。

7岁开始做饭,貌似冷漠、无情的"老兵"却让小兵以最快的速度独立、自强。

这个地方肯定值得追求

"551 分",超一本线整整 70 分!这对于 2010 年的贵州高考生来说,应该是一个令人激动的成绩,上重点大学肯定不成问题。但对王锐来说,这个分数却让他在这人生的第一个岔路口陷入了艰难的抉择。

王锐还在兴奋地挑大学时,父亲拿来了一大摞各军校的招生简章。选军校?王锐从没有过这个想法。在他的印象中,军校是充斥着各种训练、枯燥、乏味、要吃大苦的。而父亲却毫不动摇地坚持自己的想法,他的理由很简单——部队锻炼人!

是的,这个"老兵"的丰富经历就说明了这一点。经过军营的磨炼与考验,父亲的一言一行都流露出军人的气质。退伍后,父亲到了一家国企上班,因为干活实在、有责任心,很受领导喜欢。有了一些积蓄之后,父亲开了家租赁公司。由于他把部队的作风带到生意场上,客户们都信任他,生意也越来越红火。

报考前一天晚上,父子俩聊了很多。父亲拿出了自己珍藏多年的宝贝——红领章、布帽徽、军装照,还将参战的记忆又翻了一遍:山上没地住就自己挖洞住,渴了就用刀扎香蕉树喝香蕉汁,饿了就摘野香蕉充饥,还有战友们蜷在战壕里谈天说地的情景……30 多年前的那人那事仿佛就在昨天,父亲说得津津有味,而且越说越起劲。在王锐的记忆里,这次谈话是父亲说得最多的一次,也是最耐心、最温和的一次。

夜深了,父亲回屋了,王锐却失眠了。王锐倚着窗户,望着远方的星星点点,心里有些拿不定主意,"部队虽然苦,却也是一种锤炼,而且生活也很有色彩和波澜。"犹豫间,王锐的余光瞥到了床上的绿军毯。

这个绿军毯可有历史了,是父亲从部队带回来的。它坚硬、粗糙、扎手,但盖在身上着实让人感觉厚实、暖和。从记事起,王锐就在它的陪伴下度过了一个又一个寒冬。虽多次向父亲"抗议"要换一床软毛毯,但终究拗不过父亲,一直盖到现在。父亲给出的理由也让王锐有些诧异,"打仗的时候盖着它冻不死人!"

王锐想象不到当时的山洞、壕沟该有多冷,让父亲对这个军毯如此看重。但有一点王锐深信,军营——这个让父亲魂牵梦绕的地方,肯定是一片值得追求、值得耕耘的沃土,他决定去体验一下。

第二天,"解放军理工大学"赫然出现在王锐高考志愿书的提前录取批次上。

小伙儿挺适合在部队干

政审、体检、心理测试,一切顺利,王锐很快拿到了解放军理工大学的录取通知书。那年8月底,"老兵"、妻子、儿子行程1 800余公里,来到了古城南京,这个王锐军旅人生起航的地方。

"好好干!"把王锐交给了班长后,"老兵"只说了三个字,然后掉头就走。看着父亲的背影渐行渐远,王锐心中并没有想象中的不舍、感伤,他不知道自己是习惯了父亲的冷漠,还是理解了"老兵"的脾气。

当同学们还在新奇地打量着自己的校园,惊叹班长们的豆腐块真笔直时,王锐已经悄悄地剪掉了长发,换上了作训服,开始压被子、打扫卫生、协助班长接待新生、帮同学发军装……"干练、踏实,小伙儿挺适合在部队干嘛!"对于迅速进入状态的王锐,班长颇感惊喜。

"难道这就是'老兵'18年准军事化管理的成果?"王锐有些理解父亲了。

队刊《使命》第一期,因为内容凌乱、制作粗糙惹来学员们的非议。从此,没人再提办队刊的事。大家知道,这是个烫手的山芋,费心劳神、加班加点不说,质量还没有保证。过了一学期,教导员将办队刊的事再次提上议程。作为宣传报道组新任"掌门",王锐首当其冲,挑起了办队刊的大梁。

"虽然压力很大,但要做就做到最好!"王锐从小就有股子较真劲儿,他说,"对于今天取得的成绩,父亲从没满意过,他只说明天可以更好或者别人比我更好,所以我必须做到100分!"

　　总结经验教训、征求学员意见、合理设计版块、广泛收集素材、精心排版整合……小小的队刊宛如一项庞大的工程,王锐认真做好每一块,用他的耐心、细心、专心。

　　连续两周挑灯夜战,王锐身体虚了不少,战友们看着心疼,"你这么拼命为了什么啊!"

　　"《使命》,刊如其名,既然是交给我的工作,办好它就是我的使命!"几天后,《使命》第二期出来了,与第一期相比,从设计到内容,《使命》都有了质的飞跃。打那次开始,队刊"发行量"比之前提高了整整两倍!大家都认为,"这期《使命》必须顶起来!"

　　学期末,因为工作认真、踏实,王锐拿到了珍贵的"每月之星"奖章,而这个奖章也成了父亲最好的新年礼物。

作者手记:用细节增强可读性

● 胡孝军

　　《最珍贵的礼物》是我模仿徐老师写作风格的一篇作品。稿件讲的是一对父子兵的故事。写稿之前曾和一位一起搞新闻的战友聊过这个新闻点,战友在听完大概内容后故意扬起嗓子,似笑非笑地说:"哦,父子兵的故事!"我能体会到这七个字的含义,之前父子接力献国防的新闻稿件多得不胜枚举,在他看来,这已然不是"新闻"。后来,徐老师这样鼓励我,"新闻,不是嘴皮子说出来的,要去做了才知道效果如何。"

　　短句,场景切入式开头,陈述、描写、引语三种方式交叉出现,细节刻画……我学着用徐老师教给我的东西提高文章的可读性。文章中的父子俩没有惊天动地的丰功伟绩,有的只是平凡生活的点点滴滴,他们是百万军人的代表,对军营无限热爱,对使命执著追求。而我要做的,就是通过讲故事的方式,让读者感同身受。

花了两个星期写完这篇文章后,我将它和同类的写父子兵的文章作了比较,共同点是,传递的都是革命军人刚强、向上的正能量。不同的是,同类文章中,主人公诸如爱军精武、坚强等优良品质许多都是记者给贴上的标签、是记者站出来说这个人怎么样。而《最珍贵的礼物》是通过主人公的行为体现他的个性。这就是徐老师常说的要学会讲故事。

文章拿给徐老师审阅,他帮我进一步凝练了文字,又盯着文章标题犹豫了半天,冒出一句,"标题改成《圆梦》,如何?"圆梦,儿子的军营路受父亲的影响,儿子的成长路亦是在圆父亲的军营梦、强军梦,贴题入理,而且两个字的标题简约新颖,我便当场易名。后来,由于种种原因,文章在发表时标题又改为《最珍贵的礼物》,这或多或少为这篇文章留下一点遗憾。

【赏析】

刚看到这篇文章时,还真感到有特稿的味道。"父子兵",这样的新闻在媒体上并不少见,选择这样一个事实来报道,除非事情本身的确与众不同,否则还会落入"父子接力传递爱军精武精神"的传统主题。但如果王锐和他父亲之间的故事真的和其他父子兵一样,再没有什么特别之处,这个新闻是不是就不能写了?当然不是,这就需要运用叙事技巧了。

叙事技巧可以让同一个故事产生不同的效果,这就好比不同的说书人讲同一个段子,有的人讲的听众喜欢听,有的人讲的听众就不喜欢听。新闻叙事同理。王锐和他父亲之间的故事是平平淡淡的,但这样的故事可以打动人,因为我们都在经历着这样的生活,点点滴滴的积累让平平淡淡的生活不时激起涟漪,逐渐有了色彩。作者为了让这色彩更绚丽,运用叙述、抒情、描写等多种表现手法,运用短句、断点叙事、场景切入式开头等多种叙事技巧,让文章的行文更紧凑、起伏更顺畅,也让受众在缓缓的阅读中体味字里行间流露的温情。

看完文章后,我为作者重新拟制了标题《圆梦》,不仅是王锐在圆梦,也是王平在圆梦。这两个字对父子而言应该含有更深的韵味和更特殊的意义。只是文章发表出来时,编辑又将标题改回了《最珍贵的礼物》,也许是因为这个标题更直接明了吧。

网上演兵：让计算机生成兵力

——直击"战剑—2012"毕业综合演练网上推演

作　　者　黄振原
刊发媒体　中国军网、国防部网
刊发日期　2012年6月13日

古往今来，一代又一代军事家都十分重视作战模拟。古希腊阿基米德在罗马士兵前来围攻叙拉古城时，曾以沙盘为战场运用几何方法来研究作战对策；我国古代兵圣孙子按照不同战斗条件进行战争推演。此两者，皆被尊为早期"战争预实践"的探索先驱。如今，演兵手段已是旧貌换新颜，基于信息系统实施体系作战，让计算机生成兵力，运用网络技术"预演战争"，已开始在现代高技术战争舞台大放异彩。

6月3日，"战剑—2012"毕业综合演练网上推演在云谲波诡的网络空间拉开帷幕。

随着鼠标移动，指示灯频繁闪烁，屏幕参数不断变换，不见硝烟四起，却"火药味"逼人。

某岛上进攻集结号吹响，"红军"纵深推进遭遇强敌抵抗。河上桥毁，路基坍塌，"红军"前进受阻。随即，指控兵操作一体化指挥平台，各种文书在通信兵搭建的无线信号台上织出一张复杂的电磁网。气象兵接命，消云除雨，为工兵作业做好气象保障；工兵侦察分队接命，迅速分散，采集数据、分析地形、察看水文，利用通信兵构筑的空中"快车道"将报文发回指控所，一张现地三维立体图跃然出现在指控平台上。选择地形、制备方案、通路开辟……整个联合过程行云流水，一气呵成。

精彩环环相扣。电台突遇"敌"强电磁打击，指控兵启用备用信道，通信兵用卫星通信接力保障；先头部队被"敌"围攻，指控兵调阅战场态势，指挥援军火速支援；气象兵实时反馈天气信息，为部队推进保驾护航。

虚拟战场中，天上卫星斗转，通信无忧；空中电波频传，指控怡然；地上硝烟弥漫，工事出彩；天气实时更新，气象前瞻……历时近 4 小时的演练，多兵种"亮剑"虚拟平台，把"联合"二字体现得淋漓尽致。

让计算机生成兵力。网上推演前，导调组多措并举，强化学员的"联合"意识，克服学员使用信息指挥平台的短板。

夯实思想根基。安排政工组及时对参演学员进行思想疏导，让学员意识到在未来的联合作战中，各兵种联合更需联心。

务实熟能生巧。从文书拟定到态势决断，从方案裁决到语音播报，从视频传输到图片共享，学员反复练习，熟悉整个操作平台和作战流程。

聚合保障力量。引导学员充分发挥专业优势，协调各方进度，鼓励自主协同、临机协同，确保"高速路"上畅通无阻。

"走出'从战争中学习战争'的历史，进入'从训练中学习战争'，利用网上推演将'纸上'变为'立体'，将'想象'变为'现实'，学员的联合意识更加凸显，信息素养和体系作战保障能力进一步增强。"执行导演宫云祥欣喜地告诉记者。

作者手记:写新闻如同做小菜

● 黄振原

当听到安排我采写网上推演时,我有点懵:一是因为我是大三学员,做网上推演的报道可能笔力还欠火候;二是因为绝大多数学员很少接触、甚至不了解网上推演,要用六七百字把推演的"虚拟"变"实在",还是有相当难度的;三是网上推演年年有,旧闻"新"做需要我另辟蹊径。

我能感觉到徐老师还是有点不放心让我一个人来完成,当然他不会这样说,只告诉我:"这篇稿子你一定要写好。"这句话对我而言既轻又重。

"离基层越近,离真理越近。"这是新闻界泰斗范敬宜的原话。要想获取网上推演的"真理",我必须深入到"一线"去。为此,我跑遍中心校区所有的网上推演作业点,收集了此次推演所有的视频语音文字等资料,查阅了军网和互联网上几乎所有关于网上推演的报道。正是这三个"所有"让我比较全面客观地了解了网上推演,下一步我要做的就是把我知道的写给大家看。

把旧写新,把虚写实。材料整理完毕后,我没有急着下笔,而是和徐老师进行了交流。我表示我很清楚网上推演是什么以及怎样进行推演,但我不太能写好开头,因为我不想按照以前的套路来。徐老师没有说具体怎么写,而是说战地新闻讲究短平快,要让读者直接获取战场信息,还原现场感。于是我大胆采用了古文中常用的骈散句结合的方法,让文章结构新颖,又富有音乐美。例如"天上卫星斗转,通信无忧;空中电波频传,指控怡然;地上硝烟弥漫,工事出彩;天气实时更新,气象前瞻。"又通过一系列连续的四字短句"河上桥毁"、"路基坍塌"、"分析地形"、"察看水文"、"选择地形""制备方案"……把读者带进虚拟战场,让读者身临其境,感受硝烟。

以小见大,蕴含思辨。文章不仅要文字美,更应该有闪烁着思想光芒的深度。网上推演新闻是小事,"小事"中要以小见大,通过网上推演进行深入的思想透视和理性思考。在和徐老师交流如何使文章更有深度时，徐老师还是不直接说答案，而是反过来问我网上演兵是怎么生成兵力的？我想，几个专业学院都在搞联合推演，是不是传递出一种信号？琢磨了半天，我意识到推演不仅是敲几下键盘，点几下鼠标，而是更深层次的联合意识培养，这才是虚拟战场和现实战场无缝对接的关键。于是我跟进采访了执行导演，获取了升华主题的第一手资料。

成文后，我拿去送审。徐老师几乎没改几个字就通过了。稿子发表后，我也总结过，写这篇稿子就像做菜，通过跑现场获取原材料，再通过"煎炒炖蒸"等方式，提炼出立意深远的主题，而这个主题的深度呈现，要打破新闻"易碎品"的概念，使之具有更广泛的、全局意义的参考价值。同理，军事记者若想在纷繁的事实中理出头绪、透过现象抓住本质，不仅要具有新闻敏感，还要具有一定的哲学思维。

稿子发表后，大家看了都说："真有军报的味道，可以直接拿到军报上用了。"我觉得这是对我努力的最好认可。

【赏析】

交给黄振原这个采访任务时，我心里还是画了一个问号。网上推演是综合演练的重头戏，也是整个演练的序幕，能否把这个新闻事件报道好，直接关系到整个演练报道任务的质量。当时作为大三学员，黄振原毕竟不能全程参与演练，所以这个采访任务他是否能驾驭好一直是我担心的。事实证明，我的担心是不必要的。黄振原在这次采访任务中再一次展现了他的新闻特质——与众不同的"新闻眼"。黄振原有较强的新闻敏感性，与其他报道员相比，对同一新闻事件的采写总能另辟蹊径，持有不同的看法和观点。所以看他采写的稿件，我总会有一种新鲜感。网上推演是一片没有硝烟的虚拟战场，如何让读者同样感知"战斗"的激烈程度，是这篇文章成败的关键。为营造紧张的氛围,作者连续使用动词,使战斗场面跃然纸上,让受众的阅读情绪不断高涨。同时,作者还利用短句"短、平、快"的特点,增强行文节奏,始终保持文章的吸引力,不断强化读者的阅读体验,激发读者的阅读兴趣。此外,与以往网上推演报道相比,作者没有停留在就事论事上,而是拓宽事件的报道维度,从"联合意识"着手总结推演特点,加深了行文的思想深度,为读者呈现了高密度、大强度推演背后的有力推手,为此类报道树立了典范。

考研是学习的唯一动力吗?

——解放军理工大学气象海洋学院学员大队一队
正确引导学员对待学习激发学习动力

作　　者　郑清元、窦硌、李旻琛
刊发媒体　国防部网
刊发日期　2012 年 10 月 12 日

迷失的"小船"险些搁浅

刚开学不久,解放军理工大学气象海洋学院学员大队一队战士学员王向东就因在课堂上打瞌睡多次受到教员批评。教导员李青狮得知此事后纳起闷来:"王向东平时表现不错,遵守纪律,内务、队列经常受表扬,学习成绩也不错,这样的学员怎么会在课堂上打瞌睡呢?"

原来,王向东认为战士学员不能直接考研,大四学年只要把军事素质搞好就行了,这才放松了学习。

而和王向东有同样想法的学员不在少数。该队通过座谈、个别谈心发现,进入大四后,学员出现了明显的"两极分化"现象:有考研计划的青年学员夜以继日勤奋苦读;部分战士学员及没有考研计划的青年学员则是上课打瞌睡,下课玩游戏,自习室里就没有看到过他们晚上加班的身影,甚至有些学员还喊出了"大四不考研,天天像过年"的口号。

前行的"航标"哪去了

作为大四学员,首要任务是刻苦学习专业技术,为自身发展和将来部队任职打下坚实的专业基础,"可为什么学习得不到学员的重视呢?"为进一步摸清学员思想,该队专门组织了主题为"我的大四努力目标"的座谈会。

座谈会上,许多不考研的学员吐露了心声。"战场上拼的是体能和战术,平时比的是队列和内务,在部队只要军事素质和管理技能过硬就足够了。""优等生评选条件太苛刻,学习成绩与毕业分配等成长利益挂钩不紧,学好了也没有用。"还有的学员认为,"军校学员是'铁饭碗',最终都要到部队任职,学好学坏一个样。"……

让清晰的"航标"引领学员前行

"不考研就不学习,学员学习目的过于功利,并没有正确把握部队任职对能力素质的要求。"通过座谈,该队找到了症结所在。

随即,该队认真剖析影响学员学习积极性的内外因素,盯住矛盾寻思路,抓住问题找方法:建立教管联席会议制度,定期与任课教员进行交流,全程掌控学员的学习情况和各种表现;邀请来校培训的部队干部走上讲台,为学员讲授部队任职能力素质需要,使学员学有方向、学有动力;从专业技术、政工素质、军事技能和才艺能力四方面出发,为每名学员量身定制"任职能力明细表",帮助学员查找短板,抓住大四学年的宝贵时间,"充电""淬火"。

举一纲而万目张,一套对症下药的"组合拳"让学员的学习态度发生了根本转变。如今,该队在学习上形成了你追我赶、竞争向上、不甘落后的态势。

"部队任职是对自己全面素质的要求,虽不能考研,自己也要把专业技术学好,为将来发展打下坚实的素质基础。"王向东告诉记者。

作者手记:善于从身边挖掘新闻素材

● 郑清元

这篇新闻以激发学员学习动力为主题,抓住考研这个学员普遍关心的问题,按照问题式稿件的叙事方式平铺而来,反映了学员中普遍存在的学习动力不足现象,并报道了解决问题的相关做法,典型宣传与经验介绍有机融于一体。

现实生活中,一些新闻报道员经常感到采写新闻没有线索、缺少素材。其实,新闻的富矿在基层,最美的风景在一线,最有价值的线索在学员的心坎上。学员新闻报道员生活在基层学员队,只要多用心观察,是可以掌握众多生动鲜活新闻素材的。也只有注重从身边挖掘新闻素材,新闻报道员才能天天见真情,日日有好文,才能了解真情、掌握实情、反映兵情。让身边的战友愿意跟你说掏心窝的话,说带兵味的话,我们采写的文章才会鲜翠欲滴有生气、贴近受众有热气、内容真实有底气。

【赏析】

学习是学生的首要任务,当学生学习动力不足时,这就成了新闻。三个小标题是这篇文章的最大特色,作者把学习比作小船,把学习动力比作航标,准确而形象。全篇行文也比较紧凑,环环推进,新闻五要素中的"why"水到渠成自然呈现。这篇文章还为我们提供了一种发现新闻的思维——重新审视生活。不考研就不学习,这种现象应该不仅在一队有,不仅在气象海洋学院的学员大队有,那为什么其他学员队的报道员没有发现这个现象,没有发现这个新闻线索?也许,大家已经对这个现象习以为常,不觉得有什么新鲜感了。面对周围的生活,我们的思维似乎已经"麻木"了,很难再发现新闻点。可见,要成为一名优秀的记者,一定要学会重新审视生活。

莫让"口袋书"撑破口袋

作　者　秦振娇
刊发媒体　解放军报
刊发日期　2013年3月26日

晚点名时，理工大学指院模拟五营营长冷海磊发现，学员的书包都鼓鼓囊囊的，打开一看，《学员日常行为准则》《训练伤防治手册》《班队列动作训练与考核指南》等等，俨然一套学员队建设的"百科全书"。对此，学员也颇有微词。"现在'口袋书'越来越多，根本看不完、装不下、记不了。"

"口袋书"，顾名思义，就是能装在口袋里面的书，因为简明扼要、易学好记、方便携带受到广大学员的喜爱。作为部队政治工作的载体之一，"口袋书"一直也是基层学员队重要的学习内容。然而，在该院"口袋书"越编越多，已成为学员的负担。院领导发现后明确指出："'口袋书'在精不在多，正因为它简洁明了、凝聚精髓，才受到学员的欢迎。如果什么东西都编成'口袋书'，就失去了其本来的意义。"

"口袋书进口袋，更要进脑袋。"院里对"口袋书"进行了一次全方位"体检"，该删减的删减，该压缩的压缩，该合并的合并。对过期或不用的，按保密要求进行回收或销毁。同时，征求学员意见，严格控制"口袋书"的数量，做到精益求精。

一系列"减肥增效"措施带来实效。现在,该院学员学习理论的热情高涨,在不久前举行的党课考试和十八大理论测试中,80%以上的学员都达到了优秀水平,"口袋书"真正成为促进学员学习的好帮手。

作者手记:虽是口袋书,却要细思量

● 秦振娇

《莫让"口袋书"撑破口袋》这篇文章,是我在接触新闻仅仅四个月时写出来的。经过老师的悉心指导和自己的努力修改,没想到在《解放军报》上发表了,这是我在中央级媒体上发表的第一篇文章。回头看这篇文章的采写过程,我有很多感受。

党的十八大过后,学习宣传贯彻党的十八大精神是全军思想政治教育工作的头等大事。为此,学院专门编印了口袋书,以方便广大学员学习。可口袋书下发后,个别学员却并不"感冒",并列举了以前下发的各种口袋书。我一听,在感到吃惊的同时,觉得这是一个很好的新闻点。在和徐老师沟通后,我便全身心投入到这篇稿子的写作中。

经过调查和思考,我决定将这篇文章写成问题式稿件。在稿子的写作过程中,徐老师提醒我,"题好一半文,要让你的标题一下子吸引住读者,抓住读者的眼球,让读者有读下去的欲望。"稿子刚刚写好时,标题叫做《口袋书焕发新活力》,可仔细品味,觉得略显平庸。随后,我又把它改为《口袋书,进口袋更要进脑袋》,但读起来又感到啰唆,也没有反映出存在的具体问题。最终和徐老师商议,将标题定为《莫让"口袋书"撑破口袋》,既保证标题读起来朗朗上口,也较好地反映了文章所表达的中心意思。徐老师在看过初稿后,认为稿件只是单纯强调了口袋书下发过多过滥给学员造成了负担,并未提及口袋书在部队思想政治教育工作中激励人、鼓舞人、教育人的作用，分析问题不全面。我又对此进行了修改。

就这样，一篇简单的问题式稿件，我足足修改了一个月。在稿子最终成型的那一刻，我怀着忐忑的心情把稿子投了出去。没想到两个月之后，我竟然接到了《解放军报》编辑的电话。当得知稿子被编辑老师采用时，我大脑"嗡"的一声像短路了一样，随后而来的是满心的欢喜。

每当说起这件事，徐老师都是把原因归功于我自己的努力和坚持，以及具备的良好新闻敏感性，善于从身边发现新闻点。坐石三年石亦暖，新闻采写，靠的是不断的坚持和努力，要把稿子当成一件艺术品，不断进行雕琢。但对于一个写作新手来说，一位优秀的领路人，可以让你少走弯路，快速培养写作兴趣和树立写作信心。

【赏析】

这是一篇典型的"问题式"稿件，行文规整，"发现问题—分析问题—解决问题—结果如何"的叙事脉络一目了然。当作者拿来这篇稿子给我看时，我建议他可以向《解放军报》投稿，原因有二：一是"口袋书"这个问题不是个别现象，在军内的其他单位也存在口袋书过剩的现象，事件本身具有新闻价值；二是作者采写此文时正值全党、全军大力加强自身作风建设，指院党委给口袋书"瘦身"的经验做法值得借鉴推广，宣传价值较大。既有新闻价值，又有宣传价值，那一定就是一篇好新闻，该文最终在《解放军报》发表也恰恰印证了这一点。我们常讲新闻讲求时效性，这个时效性不仅体现在"时间"，还体现在"时机"。从以前的报道中我们可以看出，口袋书过剩也并不是什么"新"闻，但这篇文章出现在全党、全军大力加强自身作风建设的大背景下，不得不说是抓住了一次有利时机。

透析军校学员"浅阅读"现象

战友,你的阅读效果"打几折"?(节选)

作　　者　　何博、王彪
刊发媒体　　国防部网
刊发日期　　2014年5月6日

问题扫描:"浅阅读怪相"悄然而至

前段时间,笔者通过随机采访、发放问卷等方式对某军校部分官兵进行调查发现,学员"浅阅读"怪相丛生、繁杂多样。

现象一:"休闲、娱乐高于一切,看图、看笑、看个热闹"。某学员队大三学员小李是《读者》的"忠实粉丝",室友小曹刚买来《读者》,便被小李"抢占"而去。可是没等两分钟,小李却又将其还了回来,嘴里还嘟囔着:"这期笑话一点意思都没有,太失望了。"原来,小李只对《读者》中的段子、漫画等感兴趣。当问及平时是否经常阅读时,小李告诉笔者,只有遇到"有趣"的才会阅读。

现象二:"只读有用的,书到用时网上找"。当被问到平时喜欢读什么书时,大四学员小江的回答令人咋舌,他用"读了有没有用"作为择书标准。小江告诉笔者,他平时里比较喜欢读《成功之道》、《1小时读完名著》等书籍。问及是否有做读书笔记的习惯,小江说:"小的时候都说'书到用时方恨少',但现在都什么年代了,平时随便浏览,跳跃着读一读,'书到用时上网找'嘛。"

现象三:"长文章恐惧症"。采访中,许多学员开玩笑地说自己患上了"长文章恐惧症",学员小赵就是其中之一。他说:"一看到篇幅较长的文章就头痛,更别说那些动辄几百页的经典名著了。"在调查中,有54%的学员表示喜欢阅读一次能看完的短文章。说到害怕阅读"厚重"的书籍,学员小周对此深有体会。他向笔者诉苦道:"小的时候还能看进去名著,但现在根本看不进去了,相比之下还是更喜欢看语录体的书。"

现象四:阅读"遭遇"从众心理。在采访中笔者了解到,有18%的学员对自己所读的书并没有强烈的喜恶,之所以会选择阅读,仅仅因为是流行书、畅销书。学员小严是一名大三学员,在所在学员队担任班长。他说:"看什么样的书其实无所谓,重要的是能和大家聊到一块去。"在小严看来,阅读是一种时尚,通过阅读能够获得一些茶余饭后的"谈资"。

现象五:速看速忘,在阅读中寻求一种感情的波动。小杨是一名大四女学员,从小学六年级开始看网络小说。她告诉笔者,在阅读中,心情会随着故事情节发展而波动,时常看着看着就哭了,有时遇见喜欢的段落,她还会逐字逐句反复品味。她说:"其实,看过之后什么也想不起来,感觉每一部小说都差不多,可还是想再看一看。"

原因探析:"读而少思"是通病

"俯而读,仰而思"。读而不思或少思是"浅阅读"的通病。是什么造成学员阅读"过眼"而不"过心"的现象,打破读与思的辩证关系呢?

探析一:阅读观念有偏差。功利化、娱乐化、盲目化已然成为"浅阅读"

的三座大山。书本越来越薄,插图越来越多;内容越来越"浓缩",趣味越来越"戏说";功利化越来越强,精神性越来越弱。此外,在快节奏、大压力的军校生活中,阅读的娱乐消遣功能被逐渐放大,在不少学员看来,阅读仅仅是课余生活的一种消遣方式罢了。

探析二:畏难情绪作怪。"大部头"犹如"拦路虎",引得诸多学员"竞折腰"。在某学员队板报的读书推荐栏上,《空谈误国 实干兴邦》位列榜首,可在笔者随机采访的学员中,听过此书的多,真正读过的却很少。学员小张坦言,他很害怕读这种"高大上"的书,总是无法集中注意力,读着读着,"阅读"便会成为"认字"。阅读"过眼"不"过心",难以引起任何思考。

探析三:阅读方式发生改变。随着计算机网络的发展,数字化阅读这一新兴方式迅速"走红"。与传统的纸质阅读相比,数字化阅读更能抓人眼球,造成潜移默化的影响。信息的爆炸式增长和"神速"更新随之而来,在这样的情形下,快速吸收、快速理解、快速遗忘似乎成了学员们难以抗拒的选择。

探析四:阅读缺乏正面引导。一方面,各类读物鱼龙混杂,学员在缺乏指导的情况下,难以判别哪些值得细细品味,哪些只需蜻蜓点水,阅读呈现盲目性。在调查中,笔者发现有些学员对幽默段子、漫画等书籍逐字逐句、反复品味,却对思想性强的文章一点也不感兴趣。另一方面,所在单位缺乏浓厚的阅读氛围,学员难以养成良好的读书习惯。

影响评估:阅读连着战斗力

军校学员作为国防建设的新鲜血液,未来战场的主力军,其思考能力关系到未来战斗力生成。而"浅阅读"现象,正逐渐消磨军校学员的辨别思考能力,造成学员的思维惰性,抑制学员内心世界的成长,其影响不容小觑。

影响一:降低学员辨别能力。随着阅读的消遣功能不断被放大,能否带来精神上的放松成为了不少人的择书标准。一些富于思想性的经典巨作鲜有问津,一些故意迎合读者口味的书籍却备受追捧。沉浸在娱乐化元素之中,碎片化信息萦绕耳边,成为思想上的麻醉剂,学员的感官系统受到极大冲击,对信息的辨别选择能力日渐减弱。

影响二:引发习惯性"思无能"。一目十行、走马观花式的"浅阅读"消磨了学员的思考力,浏览替代思考质疑,被动接受替代理解与剖析。随着信息的快速更新,学员被表面信息迷惑双眼,还没来得及细细揣摩深层含义,新的信息就已经"扑面而来"。久而久之,学员养成思维惰性,遂将丢弃深邃的思考、开阔的视野,其见解与思考力就会像追捧的读物一样浅薄。

影响三:创造力减退。随着数字阅读的出现,搜索引擎替代了百科全书的地位,只需输入关键字就能轻而易举地获取各类相关信息,于是阅读更多的是为了了解、扫描的目的。这种情况下,学员更多的是依赖网络、依附于他人的创造成果来解决问题。当习惯于不经思考直接应用时,创造力无从谈起。

对策探讨:"浅阅读"岂能缺少"深思考"

阅读需要有广度作为条件,更需要有深度作为支撑。正所谓"板凳坐得十年冷",军校学员应当静下心来,在阅读中逐步提升思考力,提高看问题的深度,让快节奏、高强度的学习生活忙碌而不庸碌,还给阅读效果一个"一折不扣"。

对策一:加强正面引导,树立正确阅读观。在扭曲的阅读风尚下,出版市场呈现"多"、"乱"、"杂"的现象,学员难免受到影响。因此,加强教育引导尤为重要。引导学员在观念上摒除功利心。过量的功利性阅读能会让学员变得浮躁,对精神世界有启迪的思想往往蕴含在那些厚重的作品中。引导学员在阅读中克服求快心,"囫囵吞枣"带来的后果无非是"如鲠在喉",短时间内难以完全理解阅读的知识,阅读效率大打折扣。引导学员处理好浅阅读与深阅读之间的关系。学员很难辨别什么要精读、什么要泛读,如不加区分地阅读,要么浅尝辄止,要么效率低下。

对策二:重视课余时间管理,培养良好阅读习惯。充分利用课余时间进行阅读,提高知识储备,养成阅读习惯。严格落实"三个半小时"制度,加强早听广播、午读报纸、晚看电视的效率,提高获取信息的广度。同时,通过新闻点评活动,提高学员思考能力,形成看问题的独到见解。形成良好的阅读氛围,学员队开展读书演讲、读书交流等活动,让学员在活动中相互激励、相互促进、相互提高。

对策三:整合优秀阅读资源,营造良好阅读环境。建设基层图书室,可通过分享图书馆图书资源、"图书漂流"等方式,拓宽图书获取渠道。针对不同学员特点和需求丰富图书资源。学员队在采买图书前,可通过问卷、座谈等方式调查图书需求种类,以提高图书阅读率。结合主题教育和重大任务加强读书指导。结合主题教育、重大任务开展主题读书活动,按不同层次制定读书计划,指导阅读。图书馆、学员队图书角可设置主题图书专柜,供学员有针对性地阅读。

作者手记:调查出真知

● 何 博

在采写《战友,你的阅读效果"打几折"?》前,我一直在关注军校学员"浅阅读"现象。我的头脑中反复出现这样一句话:透析军校学员"浅阅读"现象背后的战斗力盲区。我曾试图以问题式小稿件的形式呈现出来,文章既成,虽然语言无特色可言,倒也"四平八稳"。可又觉得这么写并不够深入,反而把这个主题白白浪费掉,太可惜了。

"没有调查,就没有发言权。"我想,之所以先前的稿子没有神来之笔,是因为我没有好好搞调查,问题剖析不深入。徐老师说过,新闻调查最终还是反映问题,属于问题式新闻,问题式稿件的基本思路是发现问题、分析问题、解决问题。在发现问题部分,我下了大工夫。调查前,我查阅了大量资料,参考许多媒体在"浅阅读"现象调查方面做过的工作,并结合军校特点做了一份调查问卷并展开问卷调查,通过繁琐的统计,掌握了第一手数据。看着手中的调查结果,我不太满意。我想,一大堆数据还不能形象系统地反映问题,还是需要大量的、真实的故事,这样才能让新闻调查与调查报告区分开来。于是我又和伙伴一起去采访,收集同学们对"浅阅读"的理解、观点和困惑。

分析问题时,我又遇到了难题。现象之间错综复杂,一条原因往往反复嵌套在不同的现象中,我常常想着想着就乱了,于是便给徐老师打电话,请他帮我梳理分析。徐老师告诉我,砍掉树枝留下干。逻辑混乱,是因为归纳出的每条原因我都不肯放弃。后来,我果断只拎出主干,分析出四条主要原因,这样一来,文章的思路就清晰多了。

几易其稿,文章终成。通过调查,我对军校学员"浅阅读"现象有了更深入的了解。同时在调查过程中,我也形成了自己独到的见解和看法,真是验证了那句话——调查出真知。看到自己的文章最终发表,很是高兴。不过文章在采写过程中还是有稍许遗憾,比如"战斗力盲区"和"浅阅读"现象之间的关系分析得还不够透彻;文章最后一部分的说理还不够简练。

【赏析】

这篇稿件虽然最终发表了,但从主题来看,还可以阐述得更深入些,从笔法来看,还可以磨炼得更娴熟些。作者是接触新闻报道不久的新学员,能完成这篇长稿件也属不易。就稿件本身而言,有两点可取之处。

一是注重新闻策划。这篇稿件的主题是在第19个"世界读书日"到来之前确立的。一个民族的精神发展史就是它的阅读史,而一支军队读什么、怎么读,则直接影响到官兵的精神追求和价值取向,甚至决定战斗力的强弱。在军校,学员的成长成才更离不开对读书的坚持。因此,阅读对于学员而言是一种必然。作者选取这个主题采写新闻是有时代意义的,具备新闻价值。

新闻策划首先是一个创意,然后是一个过程,一个结果,是过程与结果的统一。这个创意来源于已经发生或者正在发生的事情;这个过程则是新闻事实,是记者采访到的东西,是进入记者视野并已有所认知的重要资讯;而这个结果就是策划的初衷,是最终想要达到的传播效果。

二是采用调查报道。调查性报道是一种较为系统地深入揭示问题的报道形式。所报道的内容或是受众不知道的,或是受众不注意的,但其结果往往又和受众有关。所以,调查性报道可以满足受众的好奇心,吸引公众的注意力。这也就要求记者在调查性报道的采写中,要学会以调查过程和方式作为叙事视角,将新闻事件的片段化整为零。

这篇稿件的最后一部分是带有记者强烈主观色彩的结论。事实上,明确的结论也的确是调查性报道的关键。需要指出的是,这种结论不是单纯建立在记者个人观点之上的,而是基于调查所得的事实的。所以,还是那句老话——新闻要用事实说话,记者在调查中的分析能力直接体现在对采访所得素材的叙事安排上。

后　记

● 徐培亮

这是一本心得，来源于生活。

学生总会问一些在我看来不是问题的问题，他们的稿件也总会存在一些有关写作基础方面的小伤。当然，在理工科院校，这些又似乎不是什么问题。对于这些每天看图纸、跑工地、编程序的学生来讲，写新闻不是"正业"。但他们热爱新闻，热爱写作，这是他们的兴趣爱好。有了兴趣自然就会热爱。只不过，仅有满腔热情还不够。新闻写作是一门技术活，要实践要理论，要反复实践，更要扎实的理论作支撑。这就不难理解，为什么非新闻专业科班出身的学生，会在新闻写作方面有一些看似不是问题的问题了。

当然，有问题就要解决，而重要的是解决问题的方法。在没有机会系统学习知识的情况下，最好的方法就是传授经验。于是，便有了本书的这些文章。这些文章来自作者工作中的经验，也来自过往知识的积累，更是作者从事新闻工作以来的沉淀和对新闻业务的重新解读。无所谓创新，只体味生活。

在今天看来，写作不仅是一个人应该具备的能力，更应该是一种必须掌握的工具。无论学生毕业后从事什么岗位的工作，都应该会写能写，并且可以通过写作表达思想，展现素质。所以，培养学生的写作技能应该是院校教育教学改革中需要十分重视的一个方面。

既然是传授经验，那这本书则可以看成是一本教材。教材，自然是为学生写的，要让学生喜欢看，要让学生看后有新的收获。新闻写作要从培养学生适应第一任职需要的角度出发，通过严谨科学的训练，使学生在理论与实践结合上掌握新闻写作的规律，提高新闻写作的能力和水平，并且能够在这个实践过程中培养学生求实的态度、高尚的情操、坚毅的品质和健全的人格。

本书所列文章涉及新闻主题、结构、角度、语言、叙事等多方面，在统稿时作者将文章分为五辑，其中第三辑《如何让手中的笔变为摄像机》为作者将所教授的"影视视听语言"课程相关知识与新闻叙事研究的重新渗透整合，第五辑《新闻报道作品赏析》为学生佳作鉴赏，让作者自己讲述采写新闻背后的故事，更易于读者对新闻事件的理解和对新闻叙事的分析。

我的导师尉天骄教授对本书的写作给予了热情的关注和支持，不吝赐教，对书中的具体细节提出了许多宝贵意见，并欣然为本书作序。他的关心对我是莫大的鼓励和鞭策，在此谨致谢忱！

文稿的每一次修改都希望更加贴近学生实际，满足学生需要。由于水平有限，本书是否达到预期效果还有待实践检验。读者是最权威的评价者，热忱欢迎广大读者提出中肯的批评意见！

2014年春于紫金山下